Das »Globe«-Theater 1599-1613

Die Nordseite des »Globe Centre«
zur Themse hin

Rolf Breitenstein

Othello, Hamlet & Co.

Rolf Breitenstein

Othello, Hamlet & Co.

Shakespeare für Manager

Wirtschaftsverlag Langen-Müller/Herbig

Schutzumschlaggestaltung: Wolfgang Heinzel
Schutzumschlagmotiv und Illustrationen:
Thomas Cerny, Esting
Satz: Fotosatz Völkl, Puchheim
Druck: Jos. C. Huber KG, Dießen
Binden: R. Oldenbourg, München
Printed in Germany

ISBN 3-7844-7386-5

Inhalt

Vorwort: Shakespeare lebt!

Wenn ein Mann seine Fähigkeiten voll ausspielt, ein Unternehmen gegen starke Konkurrenz zum Erfolg führt, ein privates Vermögen aufbaut, die Geschichte seines Landes und die Kulturgeschichte der Welt mitschreibt und auch noch auf vierhundert Jahre voraus Zehntausende von Arbeitsplätzen schafft – dann war er ein großer Manager.

William Shakespeare war es. Er wird noch berühmt sein, wenn die Leute fragen: Bill Gates – who was that? Shakespeare war der größte Dramatiker aller Zeiten. Er konnte auf der Bühne stehen und für die Bühne schreiben, in allen Tonlagen dichten und gut rechnen. Mit seiner Truppe bot er um 1600 erstklassige Performance. Heute ist Shakespeare als Global Player weltweit bekannt und multimedial in Theater, Film, Fernsehen, Büchern und im Internet zu erleben. Auch sein altes »Globe«-Theater in London gibt es wieder.

Shakespeares Leute sind mitten unter uns. Man trifft sie überall in Wirtschaft und Gesellschaft. Wer mit Shakespeare befreundet ist, hat mehr vom Leben. Ich habe ihn durch meinen Englischlehrer Erich Kunze in Kassel kennengelernt. Als Primaner lernte ich die Rede des Mark Anton aus »Julius Cäsar« auswendig. Große Rhetorik. Dreißig Jahre später stellte mich Bundeskanzler Helmut Schmidt als Redenschreiber ein.

Shakespeare lohnt!

Jeder kann Zugang finden. Mein Buch soll Managern und anderen Menschen Türen zum Reich des Barden öffnen. Tausende von Schauspielern in Hunderten von Shakespeare-Aufführungen, die ich gesehen habe, in London und Stratford, in Bochum, Weimar und vielerorts in der Welt, haben am Buch mitgewirkt. Mit Rat und Hilfe zum Manuskript vor allem Prof. Werner Habicht, Prof. Dieter Mehl und Frau Dr. Ingeborg Boltz. Allen meinen Dank. Alle Unzulänglichkeiten auf mein Haupt. Allen Lesern viel Vergnügen mit dem Weltkonzern »Othello, Hamlet & Co.«.

R. B.

Die Welt als Bühne

Shakespeare, ein Global Player,
ist unheimlich aktuell

William Shakespeare ist 1616 gestorben und unglaublich aktuell. Er hat die Stichworte für das 21. Jahrhundert gegeben:

All the world's a stage
And all the men and women merely players …

Die ganze Welt ist eine Bühne,
Und alle Männer und Frauen sind nur Spieler …

Shakespeares Welt war die Bühne seines Londoner Themse-Theaters »The Globe«. Heute verwandelt die Globalisierung von Handel und Wandel, von Krieg und Frieden, von Macht, Märkten und Medien unsere ganze Erde in eine riesige Bühne: für Komödien, Tragödien und historische Stücke. Alle Männer und Frauen spielen irgendwie mit. Es liegt entscheidend am politischen und wirtschaftlichen Management, wie das Stück weitergeht.

Shakespeare holte fremde Städte, Schlachtfelder und ferne Inseln in das hölzerne Rund seines Theaters. Mit wenigen Requisiten und der Kraft seiner Sprache mobilisierte er die Phantasie seines Publikums für große Spiele zwischen Sein und Schein. Unsere Requisiten, eine Überfülle von Kommunikationsmitteln, bringen uns fremde Kulturen und Krisen jederzeit ganz nahe und verweben Sein und Schein. Virtuelle Realitäten, die so wirken, als ob es sie tatsächlich gäbe, gewinnen immer mehr Bedeutung; wissenschaftliche Untersuchungen belegen, daß Kinder immer weniger zwischen Fernseh-Wirklichkeit und Alltags-Wirklichkeit unterscheiden können.

Haben wir genug Phantasie, ein wirkungsvolles Management und das richtige Rollenverständnis, damit die Vorstellung im großen Welttheater nicht auseinanderfällt?

Shakespeare kann helfen. Der englische Dichter und größte Dramatiker aller Zeiten war ein einfühlsamer Menschenkenner und talentierter Manager. In seinen Werken gibt es Weisheiten zu entdecken, die aktuell nutzbar sind; auch gute Sprüche. Seine Themen sind ewige Themen: Liebe und Tod. Krieg und Frieden. Macht und Meinung. Wie Shakespeares Leute um Ehre, guten

Namen und Ansehen ringen, so geht es in unserer Welt um Image und Performance.

Shakespeare ist ein Global Player. Man spielt ihn überall auf der Welt. In Theatern, in Kinos, im Fernsehen. Er steht an der Spitze der internationalen Dramen-Charts; in Deutschland vor Brecht, weit vor Goethe und Schiller. Er steht in Bibliotheken und fühlt sich wohl im Internet.

Wer sich an Shakespeare hält, ist kulturell dabei und immer up to date. Man spielt ihn im Original, klassisch oder modern, übersetzt und adaptiert, malträtiert und parodiert. Als Oper, Ballett und Musical wie »West Side Story«. Weltstars drängen zu Shakespeare-Rollen. Laiengruppen bringen ihn gut über die Bühne. Manager üben mit Shakespeare ihre Rollen im Wirtschaftsalltag besser ein.

Hamlet ist unter uns

In Betrieben und Büros sind Shakespeares Leute mitten unter uns. Überall. Auch im Topmanagement.

Geschäftsführer H. zögert bei einem Auftrag, der eigentlich über die Kräfte eines Junior Executive geht, in den verfahrenen Betrieb einzugreifen, was fatale Folgen hat.

Unternehmer L. bringt sich durch eine jähzornige Nachfolge-Entscheidung um seinen schönen Lebensabend.

Managerin P. springt effizient ein, ohne ihren Charme zu verlieren, wo Männer sich verstricken und versagen.

Kollege J. fühlt sich bei der Beförderung übergangen und nimmt heimtückisch Rache am Chef.

Die ehrgeizige Lady M. treibt ihren Mann zur Karriere über Leichen.

Und der Workaholic Z. will alles allein machen.

Kennen wir sie nicht alle?!

Shakespeare hat seinen Gestalten komplexe psychische Konstitutionen gegeben, aber auch klare Konturen. Was er in seinen Quellen fand, wurde zur unvergeßlichen Kenntlichkeit verändert: der zögernde Hamlet, der irre

Lear, die effiziente und charmante Portia aus dem »Kaufmann von Venedig«, der heimtückische Jago aus »Othello«, Lady Macbeth und dazu der umtriebige Handwerker und Laienspieler Zettel aus dem »Sommernachtstraum«.

Gelegentlich trifft man auch den Unternehmensberater L., der in einer schwierigen Lage eine ausgeklügelte, erfolgsorientierte Strategie einsetzt und scheitert, weil im entscheidenden Moment die Kommunikation zusammenbricht – wie in »Romeo und Julia«, als der Brief, den der Mönch Lorenzo als Unternehmensberater geschrieben hatte, Romeo in Mantua nicht erreicht und die Tragödie ihren Lauf nimmt.

Überall in der Firma, in der Nachbarschaft oder im Verein gibt es auch den gemütlichen, durchtriebenen Kerl, der gern einen hebt, jeden anpumpt und sich drückt, wenn es ernst wird, etwa mit dem Spruch: Der bessere Teil der Tapferkeit ist Vorsicht! Das ist das Lebensmotto von Sir John Falstaff. Der dicke Ritter ist Shakespeares ureigenes Geschöpf. Ein unbelehrbarer Schürzenjäger. »Die lustigen Weiber von Windsor« bringen ihn bei seinen Nachstellungen – was heute »sexuelle Belästigung« heißt – immer wieder in äußerst peinliche Situationen. Aber er kann es nicht lassen. Er hat nun einmal diese Schwäche.

Shakespeare hat diese Komödie 1598 geschrieben. Genau vierhundert Jahre später fand in Washington eine Art Sondervorstellung auf höchster Ebene statt. In der Hauptrolle: Präsident Bill Clinton. Er wurde zum unbelehrbaren Schürzenjäger gestempelt. Er konnte sich vor Schlagzeilen über Sex-Affären kaum noch retten. Alles sehr peinlich. Wie bei Shakespeare mischte sich in Washington Intimes und Intrigantes, ein begieriges Publikum rätselte, was wirklich geschehen und was phantasievoll aufgebauscht war – und nicht nur die Moral des Haupthelden, sondern die Moral seines ganzen Umfeldes wurde durchgelüftet.

Shakespeares Aktualität kann unheimlich sein.

Wenn in seiner »Komödie der Irrungen« vollidentische Zwillingsbrüder mit ihren vollidentischen Dienern auf der Suche nach ihren tatsächlichen Identitäten immer knapp an Katastrophen vorbeistolpern, möchte man herzlich lachen – gäbe es nicht das unbehagliche Gefühl, da wäre ein Vortrupp geklonter Menschengruppen in gefährlicher Verwirrung aktiv. Noch verblüffender wirkt es, wenn in der Komödie »Was ihr wollt« Junker Christoph von Bleichenwang gesteht:

I am a great eater of beef,
and I believe that does harm to my wit!

Ein großer Rindfleischesser, der meint, das schade seinem Verstand! Hat Shakespeare geahnt, daß sein England vier Jahrhunderte nach ihm von Rinderwahnsinn und der Angst vor den schrecklichen Folgen von BSE für das menschliche Gehirn heimgesucht würde?

Shakespeare als Manager

Dichter müssen nicht in Rosenbeeten oder Dachkammern sitzen, wenn sie lyrisch werden. Es tut ihnen und ihren Werken gut, wenn sie mitten im Leben stehen; besonders, wenn sie fürs Theater schreiben.

Das gilt für Shakespeare ebenso wie zwei Jahrhunderte später für seinen berühmtesten deutschen Bewunderer: Johann Wolfgang von Goethe. Jeder war in seinem Lebenskreis ein guter Manager. Beide konnten nicht nur gut dichten, sondern auch gut rechnen. Beide hatten den Blick fürs große Ganze und wußten ihr eigenes Schäfchen ins Trockene zu bringen. Nach jugendlichen Stolperschritten wußten beide nicht nur Stücke, sondern ihr Leben ansehnlich zu gestalten. Der eine mit Haus und Hof und Adelsprädikat in Weimar am Frauenplan, der andere mit Haus und Hof und Wappenschild eines *gentleman* in Stratford-upon-Avon.

In seinem zügigen, erfolgsorientierten Schaffen hat Shakespeare in mehrfacher Hinsicht *managerial qualities* bewiesen:

- als Manager seiner genialen Begabung, denn er verstand es, in großer Selbstdisziplin mit seinem Pfund als

Dichter und Dramatiker zu wuchern und damit gut zu verdienen. Er schrieb flott – und erstaunlich fachkundig aus vielen Lebensbereichen – siebenunddreißig Dramen, zwei Epen (die er seinem Mäzen, dem Grafen von Southampton, widmete), über hundertfünfzig Sonette und kleine Dichtungen. Gelegentlich mag ein anderer Autor mitgewirkt haben. Es gab kein Copyright. Auch Shakespeare schöpfte nicht aus dem Nichts, sondern aus mythischen, literarischen und historischen Quellen. Wie ein »dynamischer Unternehmer« (gemäß Schumpeter) kombinierte er bekannte Stoffe neu, gab ihnen seine originelle Prägung, so daß sie beim Publikum gut ankamen, bei Hofe und bei ungebildeten Leuten – und über Jahrhunderte Bestand haben konnten.

- als Manager – das heißt, als Aktionär mit Vorstandsfunktionen – einer Theatergruppe (»Chamberlain's Men«, später »King's Men«), der umfangreiche Aufgaben bei der Beschaffung von Stücken, bei Proben und der Ausbildung von Schauspielschülern hatte, sowie als Teilhaber des »Globe« (zehn Prozent), was ihm einen Anteil an den Eintrittseinnahmen sicherte. Auch am »Blackfriars«-Theater war er beteiligt. Er trat selbst als Schauspieler auf (nachweislich in Stücken von Ben Jonson); daß er in »Hamlet« den Geist spielte, gilt als Legende. Man kann sich Shakespeare als präzisen, bei Kollegen beliebten Theaterpraktiker vorstellen.
- als Manager eines wachsenden Privatvermögens, das er vor allem in Immobilien anlegte: in »New Place«, das zweitgrößte Haus in Stratford (leider längst niedergerissen), und in Ländereien um Stratford, dazu in London, wo er selbst während seiner Theaterzeit bescheiden zur Miete wohnte. Für die Menschen in Stratford war er weniger ein Dichter und Dramatiker als einer, der es in London zu etwas gebracht hatte und den man in Geld- und Gemeindesachen ansprechen konnte.
- als »Manager« eines englischen Patriotismus, denn er hat den Briten eine Geschichte geschrieben, die weit zurückreicht und bis heute nachwirkt; vor allem mit seinen Königsdramen, die von 1199 (»König Johann«)

bis 1533 (»Heinrich VIII.«) eine turbulente und wesentliche Periode der englischen Geschichte umfassen: demokratische Ansätze (Magna Charta), die »Rosenkriege« des Adels und die Schlachten in Frankreich. Mit verdichteter Dramatik unterstrich Shakespeare zukunftsweisende Elemente einer britischen Geschichte: die geopolitischen Vorzüge der Insellage mit dem Meer als Burggraben gegen den Neid der Feinde auf das »Kleinod in der Silbersee« (in »Richard II.«) und den Gewinn, wenn Engländer, Waliser, Schotten und Iren an einem historischen Strang ziehen (in »Heinrich V.«); dazu (auch in »Heinrich V.«) den stolzen Kampfesmut einer auserwählten kleinen Schar gegenüber feindlicher Übermacht, wie er in unserem Jahrhundert besonders die britischen Piloten in der »Luftschlacht um England« beflügelte.

Ein Mann oder eine Frau, die heute beim Start ins Berufsleben, möglichst ins Management von Wirtschaft und Politik, Kultur und Wissenschaft, ihren Lebenstraum formulieren sollten, könnten ihn kaum besser ausmalen als mit dem, was Shakespeare schaffte: die eigenen Fähigkeiten voll ausschöpfen; etwas aufbauen und anbieten (im Bereich Infotainment), das beim Publikum ankommt und guten Gewinn bringt; privates Vermögen und gesellschaftliches Ansehen erwerben; dem eigenen Land geschichtsbildend dienen! Dazu sorgte der Mann aus Stratford noch auf vierhundert Jahre voraus für Zehntausende von Arbeitsplätzen; denn weltweit sind Regisseure und Schauspieler, Übersetzer, Nachdichter, Verleger und Drucker, Professoren und Andenkenhändler in einer Art »Shakespeare Internationals« gut beschäftigt. Den Hoteliers in Stratford und den Pensionswirtinnen, die *bed & breakfast* anbieten, sichert der prominente Bürger, der dort in der Trinity Church begraben liegt, einen dauerhaften Verdienst; und ohne Shakespeares Nachruhm wäre das neue, ziemlich originalgetreue »Globe«-Theater in London nicht erbaut worden.

Das alles schaffte Shakespeare in knapp zwanzig Lebensjahren!

Er war schon dreißig, als man in Londoner Theaterkreisen auf ihn aufmerksam wurde, und ist mit zweiundfünfzig – nach Stratford zurückgezogen – gestorben. Kann man dieses imposante Werk einem Mann vom Lande ohne kulturellen Rückhalt in der Familie oder akademische Bildung zutrauen? Mancher will es nicht glauben. Mit spekulativer Spurensuche wurden im Lauf der Zeit etwa sechzig Kandidaten benannt, von denen behauptet wird, sie seien Shakespeare gewesen. Aber Will Shakespeare aus Stratford, Sohn eines Handschuhmachers, kann als hinreichend dokumentiert gelten; auch als Dichter und Dramatiker. Er muß über die geniale Gabe verfügt haben, wie mit hochsensiblen Antennen das Sinnen und Trachten von Menschen zu erfassen, den Wissensstand seiner Zeit bis in den Fachjargon hinein aufzunehmen, nützliche Quellen für seine Inspirationen zu finden und das so Erworbene mit phantasievoller Originalität, zügiger Disziplin und einprägsamer Sprache auf den Leisten ewiger Themen zu spannen, wo es für Jahrhunderte Bestand haben konnte.

Diese komplexe Begabung, die genial wirkt, ist in seinem Werk zu spüren. Deshalb hat Shakespeare noch heute nicht nur Anglisten, Poeten und Theaterfans etwas zu sagen, sondern jedem, der Welt und Leben besser verstehen und klüger angehen möchte. Jedem Manager, jeder Managerin. Nicht nur denen in den Konzernspitzen, sondern allen, die ihren Lebens- und Berufskreis managen.

Tun oder nicht tun …

Das ganze Leben ist ein Entscheidungsdilemma. Von Shakespeares Leuten wird dazu vor allem Prinz Hamlet zitiert:

To be, or not to be:
that is the question …

Sein oder Nichtsein,
das ist hier die Frage …

Da denkt Hamlet nach, ob es besser sei, sich den Wechselfällen des Lebens entgegenzustellen oder aufzugeben und Selbstmord zu begehen. So stellt sich die Entscheidungsfrage im Alltag selten; schon gar nicht im Topmanagement oder für den selbständigen Unternehmer. Da heißen die Entscheidungsfragen: Die angebotene Partie Grünkohl kaufen oder nicht? An der Börse einsteigen? Eine feindliche Übernahme einleiten, Krupp gegen Thyssen? Einen Militärschlag gegen Bagdad auslösen, Bill Clinton contra Saddam Hussein?

Die Entscheidungsfelder sind unterschiedlich. Das prinzipielle Dilemma ist immer dasselbe: Ja oder nein? Oder in Anlehnung an Hamlets berühmte Überlegung: Tun oder nicht tun, das ist hier die Frage …

Darauf kann sich Hamlet nicht zur eindeutigen Antwort entschließen. Sein Auftrag, die Ermordung des Vaters am Brudermörder zu rächen, bleibt lange am Wie, Wann und Wo hängen.

Andere entscheiden schneller. Und mutiger. Beispielsweise Camillo. Er hat im »Wintermärchen« nur eine Nebenrolle als vertrauter Berater des Königs Leontes von Sizilien. Aber er liefert diplomatische Meisterstücke, an denen sich Diplomaten noch heute schulen können.

Leontes wird plötzlich von Eifersucht auf seinen Hausgast Polixenes überfallen, den König von Böhmen. Leontes beauftragt Camillo, ihn mit einem Ewigen-Schlaf-Trunk umzubringen:

Tu's, so ist dein die Hälfte meines Herzens,
Tu's nicht, so spaltest du das deine!

Was nun, Camillo? Er ist königstreu und flexibel im Umgang. Er sagt erst einmal zu. Aber er ist kein Mörder und hält die Eifersucht des Königs für unbegründet. Seine Analyse, auch das schickt sich für Diplomaten, ist glasklar:

Tun, Nichtstun, beides bricht
den Hals mir sicher …

Eine typische »No win«-Situation. Was er auch tut: es ist falsch. Und er muß sofort entscheiden. Er vertraut seinem Gewissen und seinem Glück. Er offenbart sich Polixenes mit diplomatischem Geschick. Mit wenigen Sätzen, erst einige Floskeln, kann er ihm, der Leontes doch für seinen besten Freund hält und von dessen Eifersucht nichts ahnt, die lebensgefährliche Situation so klar machen, daß Polixenes sofort flüchtet und Camillo mitnimmt nach Böhmen. Dort wird Camillo als Geschäftsführer des Königs unersetzlich – und sitzt sechzehn Jahre später, als er heimmöchte nach Sizilien, wieder in der Klemme. Denn der Chef sagt zu seinem Reiseantrag:

> *Daß ich dich nicht mehr entbehren kann, daran ist deine eigene Trefflichkeit schuld: besser, ich hätte dich nie gehabt, als dich so zu missen. Du hast mir Geschäfte gemacht, die keiner außer dir ausreichend handhaben kann …*

Wie sehr es um Geschäfte und richtiges Management geht, zeigt der Wortgebrauch im Englischen, wenn der Chef sagt:

> *… having made me businesses, which none without thee can sufficiently manage …*

Dann bietet er Camillo eine erhebliche Erhöhung seiner Bezüge und verbietet ihm zugleich, je wieder von seiner Ausreise oder auch nur von Sizilien zu reden.

Was nun, Camillo? Wieder folgt er seinem Gewissen und seinem Glücksstern. Er reist ab nach Sizilien. Er bringt die zerstrittenen Könige zu neuer Freundschaft und ihre Kinder zur Heirat zusammen. Seine Belohnung? König Leontes gibt ihm die Witwe Paulina zur Frau, die sich durchs ganze Stück als treue Seele und aufrechter Charakter bewährt hat. Sonst ist von keinem Honorar die Rede. Diplomaten müssen sich oft mehr bescheiden, als ihrem Image entspricht.

Das Kardinal-Wolsey-Syndrom

Daß ein Topmanager vom Unternehmer als unersetzlich eingestuft wird und die Firma auf keinen Fall verlassen soll, kommt auch heute noch vor. Mindestens ebenso häufig passiert es, daß ein Topmanager – im Hause Springer, bei »Jägermeister« und in anderen Unternehmen – glänzende Geschäfte macht, wie unersetzlich wirkt und in der Konfrontation mit den Eigentümern doch sehr plötzlich seinen Posten verliert.

Die Beziehung von effizientem Management zu fundierter Macht falsch einzuschätzen und manche Freundlichkeit des Machthabers als unverbrüchliche Sicherung des Jobs mißzuverstehen, erweist sich auch für gewiefte Manager als gefährlicher Stolperstein in der Karriere.

Es handelt sich dabei um das »Kardinal-Wolsey-Syndrom«, das Shakespeare in »Heinrich VIII.« darstellt. In dem Stück, das zwischen 1520 und 1544 spielt, tritt Kardinal-Kanzler Wolsey als der mächtigste Manager im Reich von König Heinrich VIII. hervor. Er steht in der Gnadensonne des Königs. Er schaltet und waltet. Er fördert eine Seilschaft von Mitarbeitern, läßt seine Gegner über die Klinge springen, und man flüstert unter den Hofleuten

… daß, wem der König günstig,
dem suche flugs der Kardinal ein Amt,
das fern genug vom Hof.

Das Verfahren kennt man heute noch in manchen großen Unternehmen: Abschiebung von Junior Executives, die zu schnell nach oben wollen, aus dem Zentrum der Macht. Auch im Auswärtigen Dienst heißt es: Karrieren werden in der Zentrale gemacht. Wer Ehrgeiz hat, ist deshalb über seine Versetzung an eine Vertretung im Ausland oft nicht glücklich; trotz Auslandszulage und Privilegien.

Kardinal Wolsey war ein geschickter und erfolgreicher Reichsmanager. Weil er so effizient war, leuchtete ihm des Königs Sonne noch heller. Er machte sich immer mehr Gegner. Aber sie konnten nicht an ihn heran: weil er in der Sonne stand; sie mußten ihren Zorn unterdrücken.

Und dann plötzlich und ohne Warnung bricht das Syndrom durch. Wolsey vergißt, daß die tatsächliche Macht beim König liegt, dem Eigentümer des Unternehmens England; er vergißt, daß er selbst auch als gefeierter, gefürchteter Manager nur ein Angestellter ist. Man meint zu spüren, was er denkt: daß nicht er vom König, sondern daß der König von ihm abhängig ist, weil keiner den Betrieb so gut führen kann wie er, der Kardinal-Kanzler. In dieser Stimmung übernimmt man sich. Da wird man leichtsinnig. Da läßt man die Staatspapiere bündeln und nur noch wie pro forma zur Unterschrift an den König gehen – und merkt nicht, daß die Gegner zwei hochbrisante Dokumente dazwischenschmuggeln: Wolseys private Vermögensaufstellung, was er zusammengerafft hat, und seine geheime Korrespondenz mit dem Papst, dem großen Gegner des Königs.

Der König liest die Papiere, reicht sie Wolsey hin und knipst die Gnadensonne aus. Eine Sekundensache. Für Wolsey Entlassung, Einzug des Vermögens. Nur mit Glück entgeht er der üblichen Schlußbehandlung: in den Tower, Kopf ab.

Der König hat auch sofort einen Nachfolger: Cranmer, Erzbischof von Canterbury. Er nutzt den Kanzlerwechsel, um seinem gesamten Staatsrat eine Lektion zu erteilen. Die »Cranmer-Lektion«. Sie hat heute noch ihren Wert.

Cranmer soll sich vor dem Staatsrat gegen Vorwürfe verantworten. Die Herren Staatsräte lassen ihn vor der Tür warten. Lange. Demütigend. Dann wird er hereingerufen, und man macht kurzen Prozeß: Ab in den Tower! Doch da zieht Cranmer den Ring des Königs hervor, sozusagen seine Bestallung als Kanzler. Betreten steht der ganze Staatsrat, der König kommt schimpfen – und kann sicher sein, daß die Räte künftig kuschen werden.

Ein König als Fallensteller. Gibt es das heute noch im

Management? Die Monarchen sind weitgehend ausgestorben, die Fallensteller nicht.

Der Ventidius-Tip

Fehlentscheidungen sind schnell gemacht und schwer zu korrigieren; oder gar nicht. Der »Lear-Lapsus« ist auch heute nicht selten: daß ein Unternehmer mit der Bestellung eines Nachfolgers zu lange wartet und dann in einer plötzlichen Aufwallung die falsche Entscheidung trifft.

In den Römerdramen rankt ein ganzer Kranz von Fehlentscheidungen um Cäsar, Brutus und Mark Anton. Cäsar ging allen Warnungen zum Trotz in den Senat – und wurde von den republikanischen Verschwörern niedergestochen. Als idealistischer Anführer der Verschwörer ließ Brutus gegen den dringenden Rat seines Freundes Cassius an der Leiche Cäsars dessen Freund Mark Anton eine Rede halten – und schon war Rom in Aufruhr gegen die Brutus-Gruppe. Vor der Entscheidungsschlacht bei Philippi ließ Brutus den taktisch klügeren Cassius wieder nicht zu Wort kommen und machte ihn rhetorisch nieder mit der Behauptung, jetzt sei die historische Gezeit ihnen günstig:

Nimmt man die Flut wahr, führet sie zum Glück!

Tatsächlich stand die Flut gegen Brutus. Cäsars Geist suchte ihn heim, und in der Schlacht funktionierte die Kommunikation nicht. Der Tag und die ganze Sache waren verloren – her mit dem Schwert, um sich nach Römerart hineinzustürzen.

Später, in Ägypten, im Krieg mit den neuen Herren von Rom, bekam auch Antonius seine fatale Lektion. Er erlag der »Kleopatra-Krux«, weil er gegen die Erfahrungsregel verstieß, daß Frauen in der Schlacht nichts zu suchen haben. Antonius' geliebte Königin Kleopatra – insofern waffenerfahren, als sie schon »Cäsars Schwert zu Bett gebracht« hatte – drängelte. Sie wollte dabeisein.

Antonius nahm sie mit in die Seeschlacht. Da war der Streß bald zuviel für die empfindsame Frau. Sie flüchtete mit ihrem Admiralsschiff. Antonius liebevoll hinterher. Andere Schiffe auch. Der Tag und die Sache waren verloren.

Noch einmal siegt Antonius mit seinen landerprobten Veteranen. In einer Landschlacht. Aber dann läßt er sich – lernt er denn nie? – wieder auf eine Seeschlacht ein. Seine Römer können das nicht verstehen, Kleopatras Ägypter können nicht bestehen – die Schlacht und alles geht verloren. Also her mit einem Römerschwert für Antonius und giftigen Nattern für Kleopatra. Exit durch Selbstmord.

Unterhalb des militärischen Topmanagements mit seinen ständigen Fehlentscheidungen läßt Shakespeare in »Antonius und Kleopatra« einen viel klügeren Menschen zu Worte kommen: Ventidius, einen Unterfeldherrn des Antonius. Ventidius wird von Antonius zu einem Feldzug gegen die Parther geschickt. Er besiegt sie. Sie flüchten. Silius, einer seiner Offiziere, drängt ihn, die Flüchtigen zu verfolgen – dann werde Antonius ihn gewiß mit Lorbeer bekränzen. Der erfahrene Ventidius sieht das ganz anders und gibt Silius einen Tip:

Silius, Silius!
Ich tat genug. Ein Untergebner, merk es,
Glänzt leicht zu hell! denn wisse dies, o Silius,
Besser nichts tun, als zu viel Ruhm erwerben
Durch tapf're Tat, wenn uns're Obern fern …
Ich könnte mehr tun zu Antonius' Vorteil,
Doch würd's ihn kränken. Und durch die Kränkung
Ging meine Performance vor die Hunde.

Seit der Römer- und der Shakespeare-Zeit hat sich viel verändert. Aber der »Ventidius-Tip« kann heute noch manchem nützlich sein, der einen Chef hat, der selbst glänzen, nicht andere glänzen sehen will.

Lektionen für »Yes-Men«

Als leitender Angestellter hat es der typische Manager nie leicht zwischen Unternehmenseignern und Personal, wenn er die einen zufriedenstellen und die anderen auf Trab halten will, damit der Betrieb gut läuft. Das ist ein Dilemma voller Fallstricke – in einem Königreich, einem Konzern oder einem großen Haushalt. Shakespeare zeigt, wie rasch in dieser Klemme falscher Ehrgeiz und Arroganz wuchern können, wohin zuviel Geschäftigkeit führt. Er stellt zwei Prototypen des »Yes-Man« vor, der zu jedem Machtwort ja und amen sagt.

Die beiden Manager M. und P. haben große Schwächen, sind etwas verdreht, keineswegs böse Menschen – aber in Shakespeares Stücken wird ihnen böse mitgespielt.

Malvolio, der Manager M., führt als Haushofmeister (heute Verwaltungsdirektor) den großen Haushalt der reichen Gräfin Olivia in der Komödie »Was ihr wollt«. Was M. will, ist klar: die Gräfin heiraten! Damit den Sprung von verliehener Macht – die beim Personal und bei den Hausgästen kaum durchzusetzen ist – zu fundierter Macht schaffen. Kapitalist statt Knecht. Und dann allen zeigen, was eine Harke ist!

Das ist kein seltener Traum. Aber es ist ein verführerischer Traum, der verletzlich macht und der M. in die Falle des Personals laufen läßt. Die Zofe imitiert die Handschrift Olivias für einen Brief, den man M. finden läßt: Verlockende Versprechungen und konkrete Hinweise, wie er sich betragen und lächeln und kleiden solle, mit gelben Strümpfen und kreuzweise gebundenen Kniegürteln, die einmal in Mode waren und das Blut stocken lassen. Als »Yes-Man« der Tat ist M. mit allem einverstanden: wenn er es nur der Chefin recht machen und ihre Anerkennung finden kann. Tatsächlich ist alles, was das foppende Gesinde dem M. aufgetragen hat, der Gräfin zuwider, und als sich M. ihr nähert, gelbbestrumpft, kreuzweise gebunden, grinsend, mit staatsmännischen Reden, und am liebsten gleich mit ihr ins Bett ginge, muß sie glauben, er sei verrückt geworden. Das ist das Ende der Managerkarriere von M. Durch weitere tolle Einfälle des Personals gebrochen, kann es ihn auch nicht wieder aufrichten, daß die Fälschung des Briefes am Ende aufgedeckt und eingestanden wird.

Polonius, der Manager P., amtiert auf höherer Ebene am dänischen Königshof. Er hat den schlichten Titel eines Oberkämmerers. Kanzler wäre angemessener. Ein Topmanager, überaus geschäftig. In Shakespeares »Hamlet« zeigt er sich als geschickter Diplomat, als besorgter Vater, als Hobbydetektiv, wenn er Hamlets Tollheit und dem Lebenswandel des eigenen Sohnes nachspürt, vor allem und immer als emsiger Berater von König und Königin, der es den Herrschern und möglichst jedermann recht machen möchte.

Das verführt rasch zu umständlicher Geschwätzigkeit und zu Rückgratverkrümmung. In einem Gespräch mit Prinz Hamlet ist P. als »Yes-Man« der Spitzenklasse zu erleben:

Hamlet: *Seht Ihr die Wolke dort, die fast wie ein Kamel wirkt?*
Polonius: *Beim heiligen Sakrament; wirklich wie ein Kamel!*
Hamlet: *Mich dünkt, sie ist wie ein Wiesel.*
Polonius: *Ja, sie hat einen Rücken wie ein Wiesel.*
Hamlet: *Oder wie ein Walfisch?*
Polonius: *Ganz wie ein Walfisch.*

Polonius wirkt wie eine Personifikation des modernen Bürospruchs »Der Chef hat immer recht«. Die Szene zeigt aber auch den Erfolg geduldiger Biegsamkeit. Polonius hat den Auftrag, Hamlet zur Königin zu bitten. Er erträgt die wolkigen Reden des Prinzen, bis Hamlet tatsächlich geht. Auftrag ausgeführt, mit diplomatischer Gelassenheit. Daß Polonius dann beim großen Lauschangriff auf Mutter und Sohn durch den Vorhang erstochen wird, zeigt, daß die Geschäftigkeit eines Managers ihre Grenzen hat.

Vor seinem Unfalltod hatte Polonius seinen Sohn

Laertes mit einem Sturzbach goldener Lebensregeln verabschiedet:

Und die paar Regeln schreib in dein Gedächtnis
Dir ein: Gib deinem Denken keine Zunge
Und, wo es maßlos ist, auch keine Tat.
Sei leutselig, doch mach dich nie gemein.
Zwar, hast du Freunde, die bewährt sind, klamm're
Sie an dein Herz mit stählernen Reifen fest,
Doch stumpf die Hand nicht ab, gib sie nicht jedem
Neu ausgekrochnen Grünschnabel von Bruder.
Hüt' dich vor Streit, doch muß es sein, so führ du
Ihn so, daß sich dein Gegner vor dir hütet.
Dein Ohr leih jedem, wenigen deine Stimme.
Hör aller Rat, doch spar mit deinem Urteil.
Kleide dich kostbar, wie's dein Beutel kann,
Doch schweif nicht aus;
Wirk' reich, jedoch nicht prunkend,
Denn an den Kleidern kennt man oft den Mann.
Und die von erstem Rang und Stand in Frankreich,
Sind klug und feinfühlig in dieser Hinsicht. –
Kein Borger sei, doch auch kein Geldverleiher.
Darlehen geh'n oft verloren samt dem Freund,
Und Borgen stumpft der Sparsamkeit die Schneide.
Vor allem aber: sei dir selber treu,
Und draus muß folgen wie die Nacht dem Tag:
Du kannst nicht falsch sein dann zu irgendwem.

Alles klug und richtig. Aber als Manager-Knigge brauchbar? Für Jung-Manager? Schon Laertes scharrt auf der Bühne ungeduldig mit den Füßen, will aufs Schiff, nach Paris.

Zuviel des Guten. Aber die zwei Zeilen übers Borgen und Leihen könnte sich, wer viel mit Geld zu tun hat, hinter den Spiegel stecken; vielleicht sogar im Original:

Neither a borrower nor a lender be;
For loan oft loses both itself and friend.

Und dann noch für den Spiegel des Finanzministers und für alle, die gern Kredit aufnehmen:

Borrowing dulls the edge of husbandry

Was Erich Fried auf seine moderne Art treffend übersetzt hat:

Borgen stumpft der Sparsamkeit die Schneide

Mit seiner detektivischen Neigung entdeckt Polonius in einem wirren Gespräch mit Hamlet, der seinen Wahn dick aufträgt:

Though this be madness, yet there is method in't

Ist dies schon Tollheit, hat es doch Methode

Ein vielzitierter Satz und aktuell des Nachdenkens wert. Denn bezieht nicht manches tolldreiste Projekt in Wissenschaft und Forschung, Politik und Wirtschaft heutzutage seine Legitimation einzig aus der anerkannt präzisen Vorgehensmethode, mit der es vorangebracht wird?

Von Schurken lernen?

In manchem Büro hängt der Spruch: »Hier ist jeder nützlich – notfalls als abschreckendes Beispiel.«

Außer König Heinrich V., den er idealisiert, zeichnet Shakespeare kaum eine seiner Gestalten rundum als Helden. Der Königsmörder Macbeth und der Serienmörder Richard III. sind abschreckende Schurken, aber auch ihnen billigt Shakespeare mildernde Umstände zu: Macbeth, weil er nicht nur von eigenem Ehrgeiz, sondern von falschen Hexensprüchen, von Lady Macbeth und von den Umständen zum Mord verführt wurde; Richard III., weil er sich in einem Sumpf von Korruption suhlen konnte, Menschen instrumentalisieren, die selbst Dreck am Stecken hatten, die ihm seine häßlichen Manöver und blutigen Morde leichtmachten.

Da werden Parallelen zu modernen verbrecherischen Diktaturen wie Hitlers Drittem Reich deutlich. Shakespeares »Richard III.« lehrt, daß sich kein Umfeld entwickeln darf, in dem solche Schurkereien möglich werden.

Dann die andere Frage: Darf man von den Mitteln lernen, deren sich ein Schurke bedient? Von seiner Rhetorik, seiner Kommunikationsfähigkeit, seiner Werbewirkung? Man darf. Es wird doch auch niemand verlangen, die großartige Rede des Mark Anton aus Shakespeares »Julius Cäsar« auf den Index zu setzen, weil Adolf Hitler sich daran in München rhetorisch geschult hat – was Bertolt Brecht in seinem »Arturo Ui« bissig parodierte.

Stephen R. Gallison, der Direktor des Maryland Professional Outplacement Assistance Center, ein heutiger Stellenvermittler der Spitzenklasse in den USA, sagt aufgrund seiner Erfahrung: »Viele Manager haben gelernt, alles erfolgreich zu verkaufen – nur nicht sich selbst.« Damit hat Richard III. kein Problem. Er ist ein erstklassiger Verkäufer in eigener Sache. Wie er den Widerstand von Prinzessin Anne niederringt, die er heiraten will, wie er seiner »Kundin« klarmacht, daß er für sie gemordet hat, wie er aus seiner Krüppelhaftigkeit mitleidiges Kapital schlägt – das ist schurkisch, aber erstklassige Performance.

Welcher Mittel man sich spartenübergreifend bedienen könnte, um die persönliche Performance zu verbessern, besonders Rhetorik und Gestik, hat auch Goethe beim Osterspaziergang seinen Doktor Faust und den Famulus Wagner diskutieren lassen.

Wagner: Ich hab' es öfters rühmen hören,
ein Komödiant könnt' einen Pfarrer lehren.
Faust: Ja, wenn denn der Pfarrer ein Komödiant ist.

Ein abschätziges Urteil. Die Zeiten haben sich geändert. Das Theater mit seinen Clowns gilt längst als kirchen- und pastorenfreundlich und zieht auch in die Betriebe ein. Die Unternehmensberatung Kienbaum und die Computerfirma Hewlett Packard holten sich eine Kölner Theatergruppe zu Mitarbeitertagungen. Wissenschaftler meinen, daß manches, was im betrieblichen Alltag festgefroren ist, durchs Theater aufgetaut werden kann; und daß durch komische Effekte nicht selten neue Einsichten und nützliche Nachdenklichkeit provoziert werden.

Ganz wie bei Shakespeare.

Starke Frauen

War Shakespeare ein Macho, der nur seine Männer gut ausstaffierte, während er seine Frauen schwach oder verdorben erscheinen und gern kläglich enden ließ?

Es könnte so scheinen. Hamlets Ophelia versinkt in Wahnsinn und im Wasser. Desdemona läßt sich von Othello so widerstandslos erdrosseln, daß noch in unseren Tagen die Schriftstellerin Christine Brückner klagte: »Wenn du geredet hättest, Desdemona!« Lady Macbeth stachelt ehrgeizig das Böse in ihrem Mann an. Die Gotenkönigin Tamora geht Titus Andronicus und seiner Sippe mit unsäglicher Grausamkeit zuleibe. Kleopatra läßt Antonius untergehen. Die widerspenstige Katharina muß gezähmt werden. Und im »Sommernachtstraum« fallen Hermia und Helena kreischend übereinander her.

Doch der erste Blick kann täuschen.

Hermia hat um der Liebe zu ihrem Freund willen ihrem Vater Trotz geboten und setzt ihren Kopf durch. Katharina findet sich am Ende souverän mit den Launen ihres Mannes ab. Kleopatra hatte Antonius im Leben mehr zu bieten als seine römischen Frauen und folgte ihm in den Tod. Und Julia nimmt für ihren Romeo den Zorn ihres ganzen Capulet-Clans, ein längeres Koma und schließlich den Tod in Kauf.

Wer genauer hinsieht, entdeckt rasch starke Frauen unter Shakespeares Leuten. Manche sind so modern, daß sie heute erfolgreich in Wirtschaft und Gesellschaft auftreten könnten.

Vor allem Portia. Die junge, reiche und charmante Erbin erweist sich im »Kaufmann von Venedig« als umsichtige Managerin, die geschickt auf die Reihe bringt, was die Männer der Geschäftswelt gröblich verbockt haben. So wie sie ihren Besitz verwaltet, vor Gericht auftritt, sich den Mann ihrer Wahl besorgt und mit guten Nachrichten im Betrieb für Stimmung sorgt, juristisch versiert und treu wie Hilary Clinton, könnte sie heute sofort ins Topmanagement einziehen. Aber warum sollte sie das tun? Es wäre ein Abstieg ins *rat race* des Wirtschaftens. Auf ihrem Landsitz Belmont hat sie den Gegenentwurf: eine Welt ohne Streß, voller Schönheit, Musik und Harmonie mit überwiegend feministischen Zügen – fast ein »Camelot der Frauen«!

Portia ist die bekannteste, aber keineswegs Shakespeares einzige starke Frau. In »Viel Lärm um Nichts« behauptet sich Beatrice als emanzipierter Single frei und wortwitzig gegenüber dem wackeren Krieger Benedikt und mobilisiert ihn zur Rache im Namen der Gerechtigkeit. In »Was ihr wollt« wickelt Viola den liebeseitlen Herzog mit erstaunlicher Zielstrebigkeit um den Finger. In »Verlorene Liebesmüh« stehen vier Männer mit ihren haltlosen akademischen Planungen und plumpen Aufführungen einem Quartett cleverer Frauen recht dumm gegenüber. In »Die lustigen Weiber von Windsor« zeigen Mrs. Ford und Mrs. Page dem Ritter Falstaff auf grobe Art, wie man sich sexueller Belästigung erwehrt. In »Maß für Maß« findet Isabella einen Ausweg aus sexueller Belästigung – allerdings mit Hilfe eines männlichen Topmanagers.

Weniger bekannt, aber besonders stark treten Helena in »Ende gut, alles gut« und Rosalind in »Wie es euch gefällt« auf. Daß eine junge Frau wie Helena, ein Waisenkind, medizinische Kenntnisse und Tinkturen ihres Vaters, eines ehemals bedeutenden Arztes, zusammenrafft, aus ihrer gewohnten Umgebung nach Paris aufbricht, dort den König heilt, den seine Ärzte aufgegeben haben, und weiter durch die Welt zieht, um sich des Mannes zu versichern, den sie haben will – das liest sich auch heute noch als Erfolgsstory; und der *bed trick,* als sie sich ihrem Mann, der nichts von ihr wissen will, nachts statt seiner Freundin unterschieben läßt, sorgt für Sex-Appeal.

Rosalind zeigt, daß auch gute Mädchen viel herumkommen – und noch mehr erreichen können. Daß sie mit ihrer Freundin Celia aus der strukturellen Gewalt einer verknöcherten Staats- und Familiendiktatur ausbricht, ist schon eine beachtliche Leistung. Aber die beiden Mädchen schleichen nicht trübsinnig fort in den nahen Wald (der bei Shakespeare oft Freilauf für ein *sabbatical* bietet), sondern wollen – ganz modern – dort ihren Spaß haben; was heute *fun* heißt und damals *sport* hieß. Dafür richtet sich Rosalind ihren Lover ab, den mehr muskulös als mental begabten, aber herzensguten Hobbyringer Orlando. Dann löst sie die scheinbar hoffnungslos verhedderten Beziehungen der Menschen im Waldstück – zwei verfeindete Brüder, acht verwirrte Liebende – so geschickt zu vier Hochzeiten auf, daß man ihr jederzeit das Management eines Eheanbahnungsinstituts anvertrauen würde; oder eine Vermittlungsaktion als Sonderbotschafterin an einem weltpolitischen Krisenherd.

Rosalind zeigt, zu welcher Akrobatik zwischen Sein und Schein der Dramatiker Shakespeare fähig ist. Wie alle Frauenrollen wurde Rosalind seinerzeit von einem Jungen gespielt; sie verkleidet sich bei der Flucht in den Wald als Junge und mimt das Mädchen Rosalind, um Orlando – anonym, er erkennt sie nicht – seine Liebesschwüre abzuhören. Daß ein Junge, der eine Frauenrolle hat, sich als Mann verkleidet, kommt bei Shakespeare gelegentlich vor: Viola in »Was ihr wollt« oder Imogen in »Kymbelin«. Aber ein Junge als Mädchen als Bursche als Mädchen – das sind androgyne Volten der Spitzenklasse.

»Wie es euch gefällt« ist eine unbeschwerte Meisterkomödie. Ein alter Herzog wirbt für ein *sabbatical* in der freien Natur:

Sind diese Wälder
nicht sorgenfreier als der falsche Hof?

Und Rosalind erklärt charmant ein Phänomen, an dem schon mancher Mann gescheitert ist:

Wißt ihr nicht, daß ich ein Weib bin?
Wenn ich denke, muß ich reden.

Inmitten der allgemeinen Leichtigkeit des Seins erhebt

sich wie zufällig der melancholische Philosoph Jaques zu seinem Monolog über die Welt, die Menschen und ihre Lebensstufen:

Die ganze Welt ist eine Bühne,
Und alle Männer und Frauen sind nur Spieler.
Sie treten auf und gehen wieder ab,
*Sein Leben lang spielt jeder manche Rollen ...**

Damit klar ist, daß das besonders für internationale Geschäftsleute gilt, läßt Shakespeare es seinen »Kaufmann von Venedig« wiederholen; eine Sonderabfüllung für Manager im Gespräch mit seinem Freund Gratiano:

Die Welt ist für mich nur die Welt, Gratiano,
Nur Bühne: da spielt jeder seine Rolle ...

Shakespeares Geheimnis

Was macht Shakespeare so aktuell? Warum wirkt er wie unser Zeitgenosse – schon für das 21. Jahrhundert?

Das hat Gründe. Er hat ewige Themen wie Liebe und Tod, Krieg und Frieden, Aufstieg und Fall von Menschen und Mächten in zeitloser Originalität dramatisiert. Er hat unsterbliche Gestalten geschaffen, denen wir heute überall begegnen können: dem nervösen Hamlet im Büro, der klugen Portia im Konzert, dem dicken Falstaff an der Bar. Er hat das Glück, daß Englisch zur Weltsprache wurde – auch dank wagemutiger englischer Kaufleute, die zur Shakespeare-Zeit in aller Welt Kopf und Kapital riskierten, Kolonien gründeten und erste Pfähle für eine Bühne einrammten, die in unserer Zeit globalisiert wird.

Doch die unmittelbare und künftige Aktualität des genialen Dramatikers ist spezifisch und tiefer begründet: in der Meisterschaft, mit der er Sein und Schein in einer ähnlichen Verblendung auf die Bühne brachte, wie sie jetzt zunehmend unser Leben beherrscht. Wir nennen das Phänomen virtuelle Realität; etwas, das im herkömmlichen Sinn

* Vgl. S. 168/169

nicht existent ist, aber reale Wirkung entfaltet. Damit ist der Barde in der modernen Medienwelt hoch willkommen.

Shakespeares großes Spiel von Sein und Schein wird in unserer Waberwelt unterschiedlicher Realitätsgrade, unklarer Kausalitäten und ununterscheidbarer Identitäten zu einem Erfahrungskontinuum, das sich am besten in shakespearianischer, ernst-heiterer Haltung durchstehen läßt: mit Sinn fürs Tragische und fürs Komische bis hin zur Slapstick-Absurdität.

Einer von Shakespeares klugen Narren, Touchstone in »Wie es euch gefällt«, hat das Phänomen schon seinerzeit auf den Punkt gebracht:

Nothing, that is, is so

Nichts ist, wie es ist

Wenn heute Sänger auftreten – bewegen sie nur die Lippen und der Gesang läuft als Playback? Wenn das Bild eines hilflos ölverschmierten Vogels nach einer Tankerkatastrophe bei Millionen Menschen tiefes Mitleid auslöst – kommt der Vogel aus dem Öl oder aus dem Archiv? Wenn in Asien die Währungen und Aktien abstürzen – platzt da eine Finanzblase oder geht es an die Fundamente? Menschen und ganze Völker spüren aus ihrer Geschichte Phantomschmerzen von Verlusten. Die Börse handelt keine Aktien, sondern Erwartungen. Der Euro hat im Stadium des Nochnichtseins quer durch Europa Finanz- und Wirtschaftspolitik gemacht. Fernsehstudios sind virtuelle Räume. Das Wetter wird auf virtuellen Landkarten prophezeit. Ob Soldaten gefilmt werden, weil sie schießen, oder ob sie schießen, weil sie gefilmt werden, ist eine weithin offene Frage.

Wie selbst fundamentale Gegensätze durcheinandergeraten, läßt Shakespeare zum Auftakt von »Macbeth« die Hexen besingen:

Fair is foul, and foul is fair

Jeder Sportsfreund weiß, was *fair play* und was ein *foul* ist. Aber auf dem Fußballfeld ist oft nicht leicht zu unterscheiden, was ein Foul und was eine »Schwalbe« war. Ein leeres politisches Versprechen, das Hoffnung macht, ein kunstvoll frisierter Kreditantrag, der das Geld millionenfach für scheinsolide Baulöwen wie Dr. Jürgen Schneider fließen läßt – unsere Welt ist voller virtueller Realitäten.

George Orwell hat den Hexengesang in seiner Horrorvision »1984« für ein diktatorisches Regime zu Sprüchen aktualisiert:

Lüge ist Wahrheit
Krieg ist Frieden

Völlig absurd. Aber hat nicht die virtuelle Realität der Gefahr eines nuklearen Weltkrieges verhindert, daß sich der kalte Krieg katastrophal aufheizte, und so Frieden bewirkt?

»Macbeth« ist ein Musterbeispiel für Shakespeares virtuosen Umgang mit virtuellen Realitäten. Der Königsmörder Macbeth wiegt sich in absoluter Sicherheit, weil die Oberhexe ihm prophezeit hat: Keine Gefahr, es sei denn, der Wald marschiere auf seine Burg zu. Kann je ein Wald marschieren? Aber eines Tages marschiert der Wald – scheinbar, weil die anrückenden Soldaten zur Tarnung und Täuschung Baumäste aufnehmen. Doch damit wird für Macbeth der Hexenspruch als bloßer Schein von Sicherheit entlarvt. Die virtuelle Realität des marschierenden Waldes hebt die virtuelle Realität der Hexensicherheit auf. Macbeth hat ausgespielt.

Heute kann jeder Filmregisseur ganze Wälder oder einen Dolch in Bewegung setzen, wie er Macbeth zum Königsmord vorschwebte. Ständig werden Bilder manipuliert. Und als das Fernsehen versehentlich Bundeskanzler Kohls Neujahrsansprache vom Jahr zuvor noch mal übertrug, ist das vielen Zuschauern kaum aufgefallen.

In seinem großen Schwanengesang »Der Sturm« führt Shakespeare schon eine Art Fernsehen vor: mit Cyberspace-Elementen. Da zieht der weise Prospero auf seiner Insel für seine Tochter Miranda und ihren Verlobten eine große Show ab, läßt freundliche Geister zum ländlich-idyllischen Spiel herbeieilen, arrangiert alles wunderbar harmonisch, voller Friede und Segen. Ist es Realität oder

Traum? Das muß Prospero gar nicht mehr unterscheiden, wenn er von den Menschen sagt:

We are such stuff as dreams are made on

Wir sind solch Stoff wie der für Träume

Doch plötzlich fährt Prospero auf: Schluß der Vorstellung, fort mit den Geistern – eben rechtzeitig hat er sich realer Gefahren durch einen drohenden Anschlag von Feinden auf der Insel erinnert.

Er konnte doch noch zwischen virtuellen und anderen Realitäten unterscheiden. Diese Kunst verfällt. Eine internationale UNESCO-Studie zeigte 1998, daß in dreiundzwanzig Ländern dreiundneunzig Prozent der zwölfjährigen Kinder Zugang zum Fernsehen haben, täglich durchschnittlich drei Stunden vor dem Fernsehgerät verbringen – und nicht viel mehr als die Hälfte von ihnen kann noch zwischen Gewalt im Fernsehen und Gewalt im Alltag unterscheiden.

Magier der Sprache

Die Verbildung der Sinne durch fortlaufende Vorgabe von Fertigbildern greift erst in der Kommunikationsmittelgesellschaft des späten 20. Jahrhunderts mit voller Wucht um sich: mit Druck, Film und Fernsehen. Shakespeare kam mit wenigen Requisiten aus. Er konnte sich auf die anschauliche Kraft seiner Sprache und die unverbildete Phantasie eines Publikums verlassen, das sich – als virtuelle Realitäten – ausmalte, was Shakespeare und seine Truppe nicht zeigen, sondern nur konturieren konnten.

Shakespeare sprach sein Publikum, eine buntgemischte Kundschaft, oft direkt an – um die Phantasie auf Trab zu bringen und die Kundenbindung zu stärken; besonders kräftig zu Beginn von »Heinrich V.« Da sagt der Chorus ganz ehrlich, wie sehr die Schauspieler die Mitwirkung des Publikums im hölzernen Rundbau des Theaters brauchen:

Kann denn diese Hahnengrube
die weiten Ebenen Frankreichs fassen? Stopft man
in dieses O von Holz die Helme nur,
wovor bei Agincourt die Luft erbebte? …
Ergänzt mit euerm Denken uns're Mängel,
Teilt jeden Mann in tausend Teile
Und schafft die Vorstellung von Macht.
Glaubt, wenn wir von Pferden reden, ihr seht
die stolzen Hufe tief die Erde prägen …

Theater war seinerzeit weit mehr Gemeinschaftserlebnis als modernes Guckkastentheater; oder als die kleinen Guckkästen des Fernsehens. Wie Berichte aus der Shakespeare-Zeit zeigen, war das elisabethanische Publikum, darunter oft eine Mehrzahl Frauen, ein aufmerksames, kritisches Völkchen. Im hölzernen Rund des Theaters herrschte gespannte Stille – nur von Nüsseknacken ähnlich gestört wie heute durch das Rascheln von Bonbonpapier. Aber die Menschen reagierten auch stark auf starke Szenen – mit Beifall, brüllendem Gelächter oder mit Tränen.

Shakespeare und seine Truppe verstanden es, die Menschen in ihren Bann zu schlagen und solche Reaktionen zu programmieren; sonst wären sie nicht so erfolgreich gewesen. Die Konkurrenz zwischen den Londoner Theatern war hart. Man mußte sich die Kundschaft warmhalten, damit sie wiederkam.

Nicht selten löst Shakespeare am Ende eines Stücks den Bann des Spiels mit direkter Ansprache an das Publikum. Bescheiden, die Unzulänglichkeit des Theaters betonend – aber vor allem, damit alle wissen, daß sie nun kräftig applaudieren und dann heimgehen sollen; in die Realitäten des Alltags. So tritt nach vielfältiger Verwirrung und Happy-End im »Sommernachtstraum« dann Robin Goodfellow, Oberons Puck, mit einem kurzen Epilog an die Rampe:

Wenn wir Schatten euch mißfielen,
Denkt zum Trost von diesen Spielen,
Daß euch hier nur Schlaf umfing,

Als das alles vor sich ging …
Nun gute Nacht euch allen dort!
Rührt die Hände, laßt uns Freunde sein,
Dann renkt Robin alles wieder ein!

Prologe und Epiloge gaben den Stücken feste Rahmen, Auftritte eines Chorus, um weite Räume und Zeitabstände zwischen den Akten zu überwinden und die Phantasie des Publikums neu zu fesseln, zusätzliche Strukturen. Innerhalb dieser Rahmen entfaltete sich in den Texten der Schauspieler die hohe Kunst Shakespeares, mit Worten zu malen – für ein Publikum, das zu seiner Zeit im Theater mehr Ohr als Auge war.

Mit meiner Stimme habe ich ihr Bild gemalt

sagt ein Kupplerknecht in »Perikles«. Und ein Verliebter, der in »Kymbelin« eine unglückliche Wette eingeht, malt gemäß einem Ohrenzeugen von seiner Braut

… ein Bild, das seine Zunge schuf
und dem er dann Gemüt verlieh …

Warum sollte einem Genie wie Shakespeare, der anderen dieses Talent zuschreibt, die Wortmalerei nicht ähnlich und besser gelingen? Wie das Publikum auf die direkten Ansprachen und auf die Bühnensprache reagierte, können wir anhand zeitgenössischer Berichte nur ungefähr vermuten. Ob Shakespeares Magie der Worte heute noch wirkt, kann jeder selbst testen: im Theater, im Kino, bei der Lektüre der Texte – auch wenn manche Pointe heute nicht mehr ankommt.

Shakespeare spielt virtuos auf der ganzen sprachlichen Klaviatur von zarten Herzenstönen über kraftvolle Rhetorik zu zotiger Derbheit mit bildhaften Gleichnissen, überraschenden Wendungen und treffenden Merksätzen.

Häufig genügen wenige Worte, um Menschen, Dinge und Situationen anschaulich zu charakterisieren:

… Feiglinge, im Herzen trügerisch wie Treppen von Sand

(Der Kaufmann von Venedig III/2)

… so kalt wie Feuer im Kiesel, das nicht zu sehen ist, bis man es schlägt

(Troilus und Cressida III/3)

Der Wald ist fühllos, schrecklich, taub und stumm.

(Titus Andronicus II/1)

Zart wie Kindheit und wie Gnade

(Das Wintermärchen V/3)

Auf meinem bangen Leib steht Angst in kalten Tropfen

(Richard III. V/3)

Die Zeit, der »alte, ewige Richter«, spielt bei Shakespeare eine wesentliche Rolle: ihre Relativität, ihre Wirkung.

Die Zeit reist in verschiedenem Schritt
mit verschiedenen Personen

(Wie es euch gefällt III/2)

Mit Neuigkeiten geht die Zeit jetzt schwanger
– jede Minute wirft sie wieder welche aus

(Antonius und Kleopatra III/7)

Die Zeit trägt einen Ranzen auf dem Rücken,
Worin sie Brocken wirft für das Vergessen

(Troilus und Cressida III/3)

Das sind kurze, treffendeWorte: Perlen aus Shakespeares Stücken. Doch der Barde braucht nicht viel mehr Worte, um ein Bild unmittelbar anschaulich zu malen. So in »Hamlet«, wenn die Königin den Ort beschreibt, an dem Ophelia ertrunken ist:

Es neigt ein Weidenbaum sich übern Bach
Und zeigt im klaren Strom sein graues Laub,
Mit welchem sie phantastisch Kränze wand
Von Hahnfuß, Nesseln, Maßlieb, Kuckucksblumen …

In »Antonius und Kleopatra« berichtet Enorbarbus in Rom, wie Kleopatra zum erstenmal Antonius begegnete:

Die Bark, in der sie saß, ein Feuerthron,
Brannt auf dem Strom: getriebnes Gold der Spiegel.
Die Purpursegel duftend, daß der Wind
Entzückt nachzog …

Eine ganz andere Stimmung schafft Shakespeare in »Liebes Leid und Lust«, wenn am Schluß mit wenigen Worten in einem Lied ein Bild des Winters gemalt wird, das an ein Gemälde des »Bauernbrueghel« (1520–1569) erinnert:

When icicles hang by the wall,
And Dick the shepherd blows his nail,
And Tom bears logs into the hall,
And milk comes frozen home in pail …

Wenn Eisgezapf hängt am Gemäuer,
Schäfer Dick bläst sich die Finger heiß,
Und Tom schleppt sich mit Holz fürs Feuer,
Und der Magd gerinnt die Milch zu Eis …

Wieder völlig anders, müssen Text und Tonfall der Sprache zusammen mit Gebärden die abgrundtiefe Groteske vermitteln, als der blinde Graf von Gloucester in »König Lear« von seinem Sohn, der sich nicht zu erkennen gegeben hat, nach Dover geführt wird, um sich von einer Klippe in den Tod zu stürzen. Da sind keine Klippen, aber Gloucester muß springen und stürzen, als ob es in den Abgrund ginge, den sein Sohn ihm gewiesen hat:

Ihr seid nur einen Fuß
Vom letzten Rand. Für alles unterm Mond
Tät ich hier keinen Sprung.

Es ist eine passende Würdigung von Shakespeares Leistung, daß eine der Klippen bei Dover heute »Shakespeare Cliff« heißt.

Diese und andere perlende Passagen entdeckt sich am besten jeder selbst, nach eigenem Geschmack, im Original oder in einer guten Übersetzung. Dabei darf man auch ins Träumen kommen – wie der biedere Zettel im

»Sommernachtstraum«, als er aus seiner Eselei mit Titania erwacht, seine Sinne durchcheckt und sagt:

> *Des Menschen Auge hat's nicht gehört, des Menschen Ohr hat's nicht gesehen, des Menschen Hand kann's nicht schmecken, seine Zunge kann's nicht begreifen und sein Herz nicht wiedersagen, was mein Traum war.*

Eine sinnverwirrende Vorstellung lange vor unserer multimedialen Zeit. Diesseits solcher Träume lassen sich viele Shakespeare-Stücke ganz aktuell gesellschaftspolitisch und betriebswirtschaftlich auffassen. Manchem Manager mögen die Augen übergehen angesichts dessen, was Shakespeare ihm zu schmecken an die Hand gibt!

Shakespeare für Manager

Ein Dutzend Dramen
der Wirtschaftsgesellschaft

Romeo und Julia
Wenn der Erfolg am Handy hängt

Die große Liebestragödie ist eine bittere Warnung vor kompromißlosen Auseinandersetzungen rivalisierender Häuser: damals in Verona zwischen dem Haus Montague, aus dem Romeo stammt, und dem Haus Capulet, aus dem Julia kommt. Die Warnung muß noch heute gelten: überall, wo fruchtbarer Wettbewerb zum gnadenlosen Wettkampf wird, in dem Menschen untergehen, wie vom Schicksal verflucht.

Im Prolog werden die beiden Häuser und ihr Problem knapp und präzise vorgestellt:

Two households, both alike in dignity,
In fair Verona, where we lay our scene
From ancient grudge break to new mutiny,
Where civil blood makes civil hands unclean …

Zwei Häuser, die würdegleich sich brüsten,
In Verona, unserem Schauspielort,
Aus altem Groll zu neuem Aufruhr rüsten,
Daß Bürgerhand rot wird vom Bürgermord …

Woher die Feindschaft? Das wird nicht erklärt. Vielleicht wissen es die Rivalen selbst nicht mehr genau. Ein alter Groll; heute bezeichnen wir das Problem genauer: Feindbilder. Und aus vierhundert Jahren leidvoller Weltgeschichte – seit Shakespeare um 1597 sein Stück in Druck gab – wissen wir um die verheerende Wirkung von Feindbildern. Wo Feindbilder sich eingraben, steht alles unter einem Unstern. Die Anbahnung von Partnerschaften, ob persönlich, politisch oder geschäftlich, kann nicht gelingen – bis es zu spät ist, um gemeinsam Glück und Gewinn zu suchen.

Shakespeare kannte die Problematik rivalisierender Häuser.

Sein Theater, das »Globe«, für das er Stücke schrieb, in dem er auf die Bühne ging und an dem er die Anteile hatte, stand in Konkurrenz zu anderen Theatern im Londoner Vergnügungsviertel an der Themse. Wettbewerb kann die Leistung steigern, ruinöser Wettbewerb kann sie vernichten. Mit Raubdrucken von Theaterstücken, weil es kein Copyright gab, mit Theaterschließungen, nicht nur wegen der Pest, sondern aus politischen Gründen, und mit kommerziellen Machenschaften hinter den Bühnen fehlte es im Wettbewerb an Fairneß – wie auch heute oft im Konkurrenzkampf rund um unseren *globe,* bei der vielbeschworenen Globalisierung der Wirtschaft.

Da geht manche Existenz zugrunde. Wie in Shakespeares »Romeo und Julia«, wenn sich zwischen verfeindeten Familienklans unter dem Unstern von Feindbildern eine Kette scheinbarer Zufälle spannt, die junge Hoffnung ins Stolpern und zur Strecke bringt. Ist das heute für uns noch Schicksal – so wie die Menschen zur Shakespeare-Zeit und in seinen Stücken sich auf das *wheel of fortune* gespannt fühlten, das Glücksrad, wie man es heute noch auf Jahrmärkten und in Fernsehshows sieht? Romeo nennt sich »fortune's fool« – Narr des Glücks oder des Schicksals. Aber Bruder Lorenzo, der freundliche Mönch und erfolglose »Manager« des Glücks der Liebenden, der alles gutmachen will und doch nicht hindern kann, daß alles in Verzweiflung und Tod endet, sieht klarer, wie Romeo gezeichnet ist:

Thou art wedded to calamity

Mit dem Mißgeschick bist du vermählt

In leichteren Fällen des Alltags nennt man so einen: Pechvogel. Aber hier, keineswegs alltäglich, geht es um Liebe, Leben und Tod.

Hätte das Liebespaar Romeo und Julia gerettet und gemeinsam alt werden können? Es gibt Fassungen des Stücks mit Happy-End. Und der Humorist Ephraim Kishon hat eine melancholische Komödie über Romeo und Julia als altes Ehepaar geschrieben. Den Titel »Es war die

Lerche« entlehnte er dem vielzitierten Satz Julias nach der ersten Liebesnacht, als sie sich gegen den Vogelsang wehrt, der den Morgen ankündigt:

It was the nightingale, and not the lark,
That pierced the fearful hollow of thine ear …

Es war die Nachtigall, und nicht die Lerche,
Die eben jetzt dein banges Ohr durchdrang …

Doch – Romeo und Julia hätten gerettet werden können: Wenn die Montagues und die Capulets nicht so verbohrt gewesen wären. Oder wenn es damals wenigstens eine technisch zuverlässigere Kommunikation gegeben hätte! Romeo und Julia im entscheidenden Augenblick jeder mit einem Handy oder einfach auf Konferenzschaltung mit ihrem Glücksmanager Bruder Lorenzo – dann wäre das Happy-End gesichert gewesen! Erstaunlich, daß die Telekom und andere propagandistisch rührige Telefon- und Kommunikationsunternehmen den Romeo und seine Julia und was ihnen zu ihrem Glück fehlte noch nicht für ihre Werbung entdeckt haben.

Das Schicksal, das sie zwischen zwei Feindbilder zwang, ließ Romeo und Julia keinen Raum für eine glückliche Verbindung. Feindbilder sind furchtbar. Denn man nimmt nicht mehr den anderen wahr, sondern nur noch das schreckliche Bild, das man sich von ihm macht.

Deutsche und französische Feindbilder haben die Beziehungen beider Völker lange schwer belastet und zum Ausbruch von zwei Weltkriegen beigetragen. Zum israelisch-arabischen Konflikt schreibt in unserer Zeit der israelische Schriftsteller Amos Oz, Friedenspreisträger des Deutschen Buchhandels: »Beide Parteien in diesem Krieg kämpfen nicht eigentlich gegen ihren Feind, ihren wirklichen Gegner, sondern gegen die neurotischen Schatten ihrer Vergangenheit.« Auch in Leonard Bernsteins Musical »West Side Story«, einer modernen Fassung der Romeo-und-Julia-Saga, finden die Liebenden keinen Ausweg zwischen den furchtbar aufgeplusterten Feindbildern von Familienklans und Straßengangs in New York.

Liebe heißt Kommunikation

Wenn Feindbilder sich eingegraben haben und den Blick verstellen, genügen kleine Provokationen, um Katastrophen auszulösen. So auch in Verona. In der Hitze des Tages neckt und provoziert sich die Dienerschaft der beiden Häuser. Dann mischen sich junge Heißsporne ein, die nicht wissen, wohin sonst mit ihrer Kraft. Schließlich schreien auch die Alten nach ihren Waffen. Der Fürst, längst der ewigen Händel müde, muß schlichten. Er fällt den Spruch, der Romeo und Julia zum Verhängnis wird:

Verstört ihr jemals wieder uns're Straßen,
Zahlt ihr den Friedensbruch mit eurem Leben.

Der Unstern ist aufgesteckt, noch bevor sich die *star-crossed lovers* beim Maskenball im Hause Capulet zum erstenmal erblicken; noch namenlos, unbekannt – und dann erschrecken:

Sie eine Capulet? O teures Pfand,
Mein Leben liegt in meiner Feinde Hand …

Romeo, ein Montague,
Der einzige Sohn von eurem großen Feind …

Einzige Liebe, die aus so großem Haß entstand!
Erst unerkannt gesehn, und nun zu spät erkannt!

Lassen sich die Feindbilder überwinden? Der Prolog bietet ein Versprechen:

Doch Leidenschaft gibt Kraft, Zeit weist die Wege,
Der Liebe Süße schwächt die schlimmsten Schläge.

Jeder versucht es auf seine Art. Romeo, indem er Feindbilder wie Mauern einfach überspringt. Julia, indem sie das Feindbild an den Namen bindet und es mit dem Namen wegschiebt:

O Romeo, Romeo! Warum bist du Romeo?
… nur dein Name ist es, der mein Feind ist.
Du bist du selbst, auch ohne Montague.
Was ist das: Montague? Nicht Hand, nicht Fuß,

Nicht Arm und nicht Gesicht und sonst ein Teil,
Der zu einem Mann gehört. O heiß doch anders! –
Was heißt das: Heißen? Was wir Rose nennen,
Das duftet grad so süß mit anderm Namen.

Shakespeare entrollt ein Doppelspiel von Liebe und Feindschaft, das neben den Hauptdarstellern Romeo und Julia mit eindrucksvollen Typen besetzt ist, vor allem Julias geschwätziger Amme und Romeos neurotischem Freund Mercutio, zwischen Rauflust und Traumgeschichten von Queen Mab pubertierend. Was beim Maskenball zwischen Romeo und Julia beginnt, wird zur großen Liebe: eine schnelle Hochzeit beim frommen Mönch Lorenzo, eine Nacht des Glücks. Was als halbstarke Rauferei zwischen den Montagues und den Capulets beginnt, wird blutiges Entsetzen, als Mercutio von Julias Vetter Tybalt und Tybalt von Romeo erstochen wird.

Dies Tages Los liegt schwarz auf vielen Tagen.
Hier fängt's erst an, doch andre müssen's tragen.

Romeo aus Verona verbannt. Julia doppelt unglücklich: Ihr fehlt Romeo, und sie soll den ungeliebten Paris heiraten. Was nun?

Um die scheinbar hoffnungslos verhedderten Handlungsstränge zum Happy-End zu entwirren, müßte ein Deus ex machina her; oder ein Supermanager. Tatsächlich verwendet Shakespeare das Substantiv »manage«, als Benvolio dem Fürsten zu erklären sucht, wie es kam, daß Tybalt den Mercutio und Romeo den Tybalt erschlug:

I can discover all the unlucky
manage of this brawl …

Aber jetzt geht es nicht darum, den unglücklichen Hergang des tödlichen Streites aufzudecken. Es gilt, der großen Liebe von Romeo und Julia einen glücklichen Ausgang zu sichern.

Der Supermanager findet sich: in der Kirche, im Kloster, in der Mönchszelle. Es erweist sich – wieder einmal – welche Managerkraft in der Kirche steckt. Rasch und kühn, wie man es von einem Kutten- und Kräutermann kaum erwartet hätte, entwickelt Bruder Lorenzo eine erfolgversprechende Strategie: Romeo – ab ins sichere Exil nach Mantua; Julia – ab nach Hause, Bruder Lorenzos Spezialdrink einnehmen, der sie für zweiundvierzig Stunden (welch präzises Timing!) scheintot erstarren läßt, so daß ihre Hochzeit mit Graf Paris ausfallen muß und sie statt dessen in der Familiengruft der Capulets beigesetzt wird. Dort großes Finale, wenn sie aufwacht und Romeo – vom Manager Lorenzo entsprechend eingewiesen – sie fürs Happy-End in die Arme nimmt.

Alles ganz einfach.

Aber ein heimtückisches Gesetz, das heute »Murphy's Law« genannt wird, hat schon zu Romeos Zeit (um 1300) in Verona und zu Shakespeares Zeit (um 1600) in London gewirkt – wenn man es auch noch nicht unter dieser Bezeichnung kannte:

Nothing is as simple as it looks –

Nichts ist so einfach, wie es aussieht!

Deshalb gilt:

If something can go wrong, it will go wrong –

Wenn etwas schiefgehen kann, dann geht es auch schief!

Denn während alles zu funktionieren scheint – Romeo wartet ungeduldig in Mantua, Julia scheintot in der Gruft –, bleibt der Bote, den Bruder Lorenzo mit Instruktionen für Romeo, wann und wo er zum Finale erscheinen soll, unterwegs stecken. Der Bote wird in einem pestverdächtigen Haus tagelang amtlich eingesiegelt. Der Brief kommt unbestellt an Bruder Lorenzo zurück. Eine entscheidende Kommunikationslücke, die das Happy-End verdirbt. Das ist der Punkt, an dem man beklagen muß, daß es damals noch kein Telefon oder Fax gab; besser noch: Handys für Romeo und Julia, um eine gute Verbindung zu gewährleisten! Etwa so:

»Hallo, Romeo, keine Sorge! Ich mache jetzt auf scheintot. Wir treffen uns dann in unserer Familiengruft!«

»Okay, Julia. Super Idee. Ich ziehe los und bleibe auf Empfang. Ruf sofort an, wenn du wach wirst. Und paß auf, daß sie dir dein Handy mit in die Gruft geben. Wenn der Empfang unten zu schlecht ist, mach ein paar Schritte nach oben.«

Aber Romeo bleibt ohne Nachricht, was läuft. Und wird mit einer Falschmeldung geschockt: Sein Diener Balthasar, der es nicht besser weiß, kommt aus Verona nach Mantua und meldet ihm, Julia liege tot in der Gruft.

Was ist angesichts völlig überraschender Nachrichten und unglaublicher Wendungen zu tun? Wer klug ist, handelt nach dem Grundgesetz des amerikanischen Journalismus: *double check!* Eine Mitteilung aus einer Quelle genügt nicht. Es muß eine zweite, unabhängige Quelle her. Dieses Sicherheitskonzept hat sich bei den Recherchen der Reporter der »Washington Post« in der Watergate-Affäre gut bewährt. Aber es wird oft mißachtet.

Statt nach einer Bestätigung oder einem Dementi für die Hiobspost aus Verona zu suchen, erpreßt Romeo von einem Apotheker ein tödliches Gift, eilt nach Verona, zur Gruft der Capulets, findet Julia, anscheinend tot. Er ist – im Sinne von Lorenzos Final-Fahrplan – zu früh gekommen. Es zeigt sich, daß Michail Gorbatschows vielzitiertes Wort auch einmal andersherum gelten kann: Wer zu früh kommt, den bestraft das Leben!

Romeo erschlägt den trauernden Paris, nimmt Gift, und Julia, als sie zwischen Toten erwacht, ersticht sich mit Romeos Dolch.

Das Happy-End ist schrecklich mißglückt. Bruder Lorenzo ist verzweifelt. Er gibt sich die Schuld an der Tragödie. Als guter Manager hatte er versucht, alles auf die Reihe zu bringen. Aber er hatte schon eine Ahnung, daß es mit diesen Liebenden nicht gut ausgehen würde:

So wilde Freuden enden in Gewalt
Und sterben im Triumph, wie Feu'r und Pulver,
Die sich im Kuß verzehren

Der Fürst von Verona ist wütend, und daß die Capulets und die Montagues sich endlich versöhnen, hilft keinem

Toten wieder auf. Für Romeo und Julia stiften die Väter goldene Statuen. Sehr nobel. Aber es wäre nützlicher gewesen, den Grundstock für eine Art »Fonds zum Abbau von Feindbildern und zum Aufbau guter Kommunikation« zu stiften, um künftigen Romeos und Julias das Leben und das Lieben leichter zu machen.

Die Pest, die einen Brief stoppte und die entscheidende Kommunikationslücke riß, verhinderte ein Happy-End. War das nur ein dummer Zufall? Scheiterten Romeo und Julia an einer Kette von Zufällen: daß ein Bann über die Montagues und die Capulets verhängt wird, kurz ehe Romeos und Julias Liebe erwacht? Daß Romeo, weil er Frieden stiften will, versehentlich Mercutios Tod verschuldet? Daß Romeo zu früh und Bruder Lorenzo zu spät zur Gruft kommt? Was den Liebenden so schrecklich zufällt, kommt tatsächlich von einem tiefer sitzenden Krankheitsherd: aus der zu Feindbildern zementierten Feindschaft zweier Häuser. Diese Feindschaft bewirkt, was wie Zufälle erscheint; oder verhindert, daß äußere Schicksalsschläge abgefangen werden. Mercutio trifft es, als er stirbt, mit seinem letzten Fluch:

A plague o'both your houses!

Die Pest über eure beiden Häuser!

Seit Romeo, Julia und Shakespeare hat die Kommunikationstechnik enorme Fortschritte gemacht. Heute gibt es Telefone und Fax, Internet, Handys – auch für Manager, Mönche und Lover. Ob die tatsächliche Kommunikation, die Verbindung von Mensch zu Mensch, ähnlich verbessert wurde, ist keinesfalls sicher. Und beim Abbau von Feindbildern gibt es rund um die Welt noch viel zu tun.

Macbeth
Keine Sicherheit bei schrägen Propheten

Hinter jedem erfolgreichen Mann, so heißt es, steht eine kluge Frau. Oder eine ehrgeizige Frau? Als die deutsche Demokratie noch jung und voller Chancen war, hörte man in Bonn von Frauen, die morgens im Bett ihren Mann, den Politiker, routinemäßig mit dem Ellenbogen in die Seite stießen: »Aufstehen! Karriere machen!«

Das hat sich geändert. Die deutsche Demokratie ist älter geworden, die deutsche Frau emanzipierter. Frauen machen selbst Karriere, statt ihre Männer anzustoßen. Noch gibt es nicht viele Frauen im Topmanagement. Das kann sich ändern. Aber das wird den Blick auf bewegende Frauengeschichten alter Zeiten nicht verstellen: wie Krimhild und Brunhild in den »Nibelungen« oder Elsa und Ortrud im »Lohengrin« für sich und ihre Männer – immer an der Kirchentür – um Vortritt und Vorrang streiten; wie Lady Macbeth ihren Mann auf eine steile Karriere zum schottischen Königsthron und in die Katastrophe schickt und darüber den Verstand verliert.

Auf den ersten Blick ist in Shakespeares Tragödie »Macbeth« alles klar. Was beim tapferen Ritter Macbeth, dem Than von Glamis, nur verschwommener Ehrgeiz ist, wird von seiner Frau auf einen festen Nenner gebracht: Königsmord, um selbst den Thron zu besteigen. Die Lady kennt ihren Mann und seinen Ehrgeiz.

Doch fürcht' ich dein Gemüt;
Es ist zu voll von Milch der Menschenliebe,
Den schnellsten Weg zu wählen. Du möchtest groß sein,
Bist nicht ohne Ehrgeiz; doch fehlt die Bosheit,
Die ihn begleiten muß.

Die Gelegenheit ist günstig. König Duncan kommt als

Gast nach Dunsinane, zur Burg der Macbeths, und Lady Macbeth beschließt mit teuflischem Doppelsinn:

He that's coming must be provided for

Der kommt, dem müssen wir's besorgen
(oder weniger poetisch, im aktuellen Sprachgebrauch:
Wir müssen Maßnahmen ergreifen).

Macbeth zögert. Er ist Untertan des Königs, der ihn mit neuen Würden bedacht hat, zudem sein Wirt, und Mord würde das Gastrecht furchtbar brechen.

I dare do all that may become a man;
Who dares do more is none

Ich wage alles, was den Menschen macht,
Wer mehr wagt, der ist keiner mehr

Doch die Lady weiß, wie der Mann zu nehmen ist. Was er als vage Phantasie ausmalte, König zu werden, stellt sie als beschworenen Entschluß hin, von dem er jetzt abweichen will: memmenhaft! Sie würde das nie tun – und entwirft dafür ein schreckliches Bild:

Wie süß, das Kind zu lieben, das ich tränke;
Ich hätt', indem es mir entgegenlächelte,
Die Brust gerissen aus dem weichen Kiefer,
Und ihm den Kopf zerschmettert an der Wand
Hätt' ich's geschworen, wie du geschworen hast.

Und mißlingen, sagt die Lady, könne es keinesfalls. Nun ist Macbeth überzeugt, ist stolz auf diese Frau, sieht einen Dolch – in virtueller Realität – vor sich schweben, geht und ersticht – mit tatsächlichen Dolchen – König Duncan im Schlaf. Als er zurückkommt, ist die Lady entsetzt: nicht wegen des Mordes, sondern weil er die blutigen Dolche mitgebracht hat, statt sie bei den schlaftrunkenen (von der Lady mit Schlafmittel gedopten) Dienern des Königs zurückzulassen, die als Mörder erscheinen sollen. Weil er es nicht noch einmal ins Mordzimmer schafft, trägt sie die blutigen Dolche hin. Nun haben beide Blut an den Händen. Und nach langen Jahren, in denen Mac-

Hexentanz um Foul and Fair

beth als blutiger Diktator über Schottland herrscht, ist die letzte Geste der Lady, bevor sie stirbt, während sie schlafwandelt, das verzweifelte Wringen und Waschen der Hände.

Alles klar. Die Lady hat ihrem Mann das Gewissen gelähmt und geht an eigener Gewissensqual noch vor ihm zugrunde. Cherchez la femme – die Frau ist schuld! Alles klar? So einfach sind Shakespeares Tragödien nie angelegt. Fiel der erste Blick auf Lady Macbeth als treibende Kraft, so fällt der zweite auf eine Gruppe unheimlicher Frauen, die das Drama verschulden: die Hexen!

Die Hexen eröffnen das Stück. Sie geben das entscheidende Stichwort:

Fair is foul, and foul is fair

Das versteht heute jeder, auch wer kein Englisch kann. Man weiß doch, was Fair play und was ein Foul ist; besonders beim Fußball. Reintreten, Nachtreten, Schiebung, Betrug, Doping – das ist alles kein Fair play. Auch die »Schwalben« nicht, mit denen Fußballer ein Foul vortäuschen. Ein Foul ist eine Regelwidrigkeit – und schlimmer: eine bösartige Verletzung des Anstands. Und Fair play ist mehr als die Spielregeln einhalten. Wenn auf dem Tennisplatz der Schiedsrichter einen Ball »Aus« gibt und der Spieler, der damit den Satz oder sogar das Match gewinnt, den Arm hebt und sagt: »Nein, der Ball war gut«, auf die Gefahr, den Satz oder das Match zu verlieren – das ist Fair play.

Fair is foul, and foul is fair

ist »doublespeak«, wie George Orwell diese Art von Wort- und Wahrheitsverdrehung in seinem Roman »1984« genannt hat. Zum Ende hin, als der Wald von Birnam gegen seine Burg anzurücken scheint, wird Macbeth der »doublespeak« der Hexensprüche bewußt;

that lies like truth

der wie Wahrheit lügt.

Sind die Hexen schuld an Macbeths Tragödie? Sie versprechen ihm, dem Than von Glamis, daß er Than von Cawdor werde – und König; seinem Gefährten Banquo, daß aus seinem Stamm eine lange Reihe von Königen hervorgehen werde – ein Todesurteil, weil Macbeth als König ihm Mörder auf den Hals hetzt.

Kaum sind die Hexen verschwunden, kommen Boten von König Duncan und bringen Macbeth seinen neuen Titel: Than von Cawdor. Ist Verlaß auf Hexensprüche? Und wenn sich ihre schrägen Prophezeiungen als unheilvoll erweisen: muß uns das heute kümmern? Wir wissen doch, daß es in unserer Welt keine Hexen und keine Hexensprüche gibt.

Oder doch? Doch. In der modernen Kommunikationsgesellschaft läßt sich jederzeit ein Hexensabbat von vollmundigen Versprechungen und halben Dementis, von Prognosen, Umfragen, Meinungen und Trendmeldungen inszenieren. Das inszeniert sich wie von selbst in Politik und Wirtschaft, Kultur und Wissenschaft, in allen Bereichen der Gesellschaft. Die Medien mischen kräftig mit. Zeitungen trimmen vage Neuigkeiten zu Schlagzeilen. Das Fernsehen schafft virtuelle Realitäten. Was war, was ist, was nicht? Ranglisten und Ruhm, Ämter, Charts und Einschaltquoten reizen zum Einsatz. Auch zum Foul. Die Prominenz spielt mit. Wer oben ist, mehr noch, wer nach oben will; wer den Gaukelspielen traut. Mancher wird hochgerissen, in manchem Lächeln stecken Dolche wie zu Macbeths Zeiten, und mancher klagt wie damals Lady Macduff:

Dies ist die ird'sche Welt, wo Böses tun
Oft löblich ist, und Gutes tun zuweilen
Schändliche Torheit heißt

Wenn der Absturz kommt, mit Streß, mit Drogen, mit dem Verfall der Kraft von Körper und Geist, wenn von Hexenjagd die Rede ist, dann beginnt wieder das Fragen: Wer ist schuld?

Doch Macbeth? Warum hörte er auf die Hexen und auf Lady Macbeth, nicht auf sein Gewissen – solange sein

Gewissen noch funktionierte? Die Einflüsterungen fielen auf mordbereiten Boden.

Was wollte Macbeth? König werden. Und anerkannt werden – besonders von seiner Frau. Deshalb leitete er ohne ihr Wissen eine Mordaktion gegen Banquo und seinen Sohn Fleance ein.

Unschuldig bleibe, Kind, und wisse nichts,
Bis du der Tat kannst Beifall spenden.

Banquo wird umgebracht. Der Sohn entkommt. Der tote Banquo erscheint Macbeth als Geist beim Festmahl. Ein Zeichen, daß sein Gesamtkonzept wieder mißlungen ist. Wieder kein Beifall von der Lady. Wieder lebt Macbeth in Unsicherheit. Er sucht, was so viele Menschen suchen: Sicherheit. Und wie jeder Diktator will er perfekte Sicherheit. Erst dann, meint er, kann er zufrieden sein. In Unsicherheit König sein – das genügt nicht.

To be thus is nothing.
But to be safely thus.

Etwas zu sein, ist nichts
– nur, wenn man's sicher ist.

Wer kann ihm Sicherheit bieten? Macbeth vertraut auf die Hexen. Sie bieten ihm zwei Orakelsprüche: daß er ungefährdet sei, solange der Wald von Birnam nicht gegen seine Burg marschiere und solange kein Mann zum Kampf gegen ihn antrete, der nicht von einem Weib geboren wurde

Das genügt Macbeth. Das macht ihn so glücklich, wie ein blutrünstiger Tyrann nur sein kann: Wann würde je ein Wald marschieren? Wann jemand zum Kampf kommen, der nicht von einem Weib geboren wurde? Macbeth ist sich nun absolut sicher und meint, gefahrlos herrschen und hausen zu können. Das ist sein Fehler. Das ist immer ein Fehler. Es gibt keine absolute Sicherheit. Und viel weitergehend als diese Feststellung – die man jeden Tag hören kann, an dem etwas schiefgegangen ist – lautet der Spruch der Oberhexe Hekate, die Shakespeare aus den Tiefen griechischer Mythologie aufsteigen läßt:

And you all know, security
is mortals' chiefest enemy

Denn wie ihr wißt, ist Sicherheit,
Für Sterbliche der größte Feind.

Wie das? Wie kann Sicherheit ein Feind sein? Ganz logisch und selbstverständlich: Wenn alles sicher ist, festgelegt, vorherbestimmt, fehlt das, was Menschen zu Menschen macht – die Freiheit! Freiheit zum Denken und Handeln. Es fehlt, technisch und wirtschaftlich veranschlagt, an Spielraum; es mangelt an Flexibilität. Und das, was es für Menschen an Sicherheit tatsächlich gibt, um Freiheit einzugrenzen – das gibt es nicht von Hexen und schrägen Propheten.
Macbeth und seine Frau sind Herrscher, aber sie sind zerrüttet, psychisch schwer angeschlagen. Er schlaflos, sie schlafwandelnd. Dann wird der Tod der Lady gemeldet. Macbeth nimmt es mit einem Monolog auf, aus dem oft zitiert wird:

Life's but a walking shadow; a poor player
That struts and frets his hour upon the stage
And then is heard no more; it is a tale
Told by an idiot, full of sound and fury,
Signifying nothing.

Leben ist nur ein wandelnd Schattenbild;
Ein armer Komödiant, der spreizt und knirscht
Sein Stündchen auf der Bühne; dann hört man
Ihn nicht mehr. Es ist ein Märchen, erzählt
Von einem Blöden, volltönend und mit Wucht
und bedeutet: nichts.

Was bleibt, als der Wald von Birnam gegen Macbeths Burg anzurücken scheint, weil die Soldaten zur Tarnung und zur Verwirrung des Gegners Äste aufgenommen haben; als Macduff, der vorzeitig aus dem Mutterleib geschnitten, also nicht vom Weib geboren wurde, gegen Macbeth zum Kampf antritt? Für Macbeth bleibt nur, ritterlich, in voller Rüstung, zu sterben. Für Macduff, den

Kopf des Tyrannen triumphierend auf eine Stange zu stecken. Für Malcolm, den Sohn König Duncans, die Königswürde. Und für das Publikum viel Anstoß zum Nachdenken, wie sich schräge Prophezeiungen, enthemmter Ehrgeiz von Frauen, schwaches Gewissen von Männern, die Anerkennung brauchen, und verlockende Gelegenheiten unheilvoll zu etwas verstricken können, das man dann oft Schicksal nennt – damals wie heute; als ob es für Menschen keine Freiheit gäbe, zu denken, zu wägen, zu handeln und dem eigenen Gewissen zu folgen.

Ein Sommernachtstraum
Wenn der Partner ein Esel ist

Was haben die Elfenkönigin Titania in ihrem Liebesnest und ein Unternehmer gemein, der sich genußvoll den laufenden Geschäften hingibt? Daß ihnen beiden plötzlich die Augen aufgehen können und sie entdecken: O Schreck – der Partner ist ja ein Esel! Und dann fragen sie sich, wie es dazu kommen konnte. Und was nun werden soll.

Shakespeares Komödie »Ein Sommernachtstraum«, die in Deutschland öfter – aber oft leichthin – gespielt wird als andere Shakespeare-Stücke, ist nicht nur romantische und burleske Unterhaltung, an der Kinder und Kenner, junge Leute und jedermann Vergnügen haben können. Die Komödie, vermutlich 1595/96 für ein Hochzeitsfest im Hochadel – mit dem Happy-End-Slogan »Zu Bett, Verliebte!« – geschrieben, ist eine Hohe Schule der Liebe, der Ehe und ganz allgemein der Partnerwahl; ein Leitfaden durch die Irrungen und Wirrungen, die dabei entstehen können – und die man vermeiden kann, wenn man sie erst einmal wie im Traum einer verrückten Mittsommernacht durchgespielt hat.

Das Stück ist zugleich ein lehrreiches Managing-Seminar mit zwei Hauptlektionen.

Erste Lektion: Wie finde ich für mein Unternehmen den richtigen Partner, und wie komme ich mit ihm zurecht, wenn ich ihn gefunden habe? Dieses Thema wird – mit Lösungen – auf drei Ebenen durchexerziert: Im übernatürlichen Zauberreich von Oberon und Titania, die um einen schönen indischen Knaben und ganz allgemein als Paar im Streit liegen. Auf hoher Staats- und Adelsebene, wenn Theseus, Herzog von Athen, die Amazonenkönigin Hippolyta, die er mit dem Schwert gewann, also offenkundig eine feindliche Übernahme, nun vor der Hochzeit auf andere Art umwerben möchte. Und auf bürgerlicher Ebene, wo zwei Burschen und zwei Mädchen sich zwischen Gesetz und Neigung in einem wirren Wettbewerb verstolpern, bis jeder den richtigen Partner gefunden und etwas gelernt hat: wie unfaire Konkurrenz an die Nerven geht und wie man sich fühlt, wenn man vom Partner im Stich gelassen oder gleichzeitig von zwei Konkurrenten bedrängt wird.

Zweite Lektion: Wie erreicht eine Gruppe anständiger, aber für die selbstgestellte Aufgabe völlig unqualifizierter Menschen allen Störungen und Widrigkeiten zum Trotz mit ihrer Produktion eine – so nicht gewollte, aber beachtliche – Zufriedenheit ihrer wählerischen, hochgestellten Kundschaft? Dabei handelt es sich um biedere Handwerker aus Athen, die es sich in den Kopf gesetzt haben, zur Hochzeit von Theseus und Hippolyta das Trauerspiel von »Pyramus und Thisbe« (aus den »Metamorphosen« des Ovid) aufzuführen. Das Stück gerät ihnen zur Komödie und so zum erfolgreichen Amüsement der Hofgesellschaft. Ganz unterschiedliche Charaktere der Akteure, wie man sie auch heute in jedem Büro und Betrieb finden kann, unterforderte Ehrgeizlinge und schüchterne Pflichtableister, setzen ohne hinreichendes Management einen gruppendynamischen Prozeß im Zickzack in Bewegung, den man – über schallendes Gelächter hinaus – nur mit viel Humor würdigen kann. Überdies bietet »Pyramus und Thisbe« eine weitere Warnung für Partnerschaften: völliger Ruin durch Mißverständnis und vorschnelle Kapitulation.

Oberon und Titania streiten um einen Knaben aus Indien. Sie hat ihn in ihrem Gefolge. Er will ihn haben. Sie begründet ihren Anspruch mit einer Schilderung, in der wunderbar verspielte Schwangerschaft in Tod und Liebespflicht umschlägt:

Ich geb' ihn nicht ums ganze Elfenreich.
Aus meinem Orden war schon seine Mutter
Und hat in Indiens Luft voll Wohlgerüchen
An meiner Seite oft die Nacht verplaudert.

Aus der Traum

Sie saß bei mir auf Neptuns gelbem Sand
Und sah den Handelsschiffen auf der Flut nach.
Lachend sah'n wir die Segel Wind empfangen
Und bald von seinem Spiel sich schwanger bläh'n,
Das ahmte sie mit zierlich schwimmendem Schritt
(schon schweren Leibes von meinem kleinen Junker)
Zum Spaß oft nach und segelte zu Lande,
Brachte mir Kleinigkeiten und lief ein,
Als wie von einer Seefahrt, reich beladen,
Doch sie, ein sterblich Weib, starb an dem Knaben,
Und ihr zuliebe zieh' ich ihn nun auf,
Und ihr zuliebe geb' ich ihn nicht her.

Es hilft Titania nichts. Als sie sich wieder vertragen, hat Oberon den schönen Knaben. (Niemand kam auf die Idee, ihn gemeinsam zu adoptieren und zu erziehen.) Der Streit, um was es auch ging, mußte dringend beigelegt werden: Die Welt war durch den Streit in völliger Unordnung – wie jeder Betrieb, wenn das Management zerstritten ist. Titania hat eine ganze Liste der Unordnung aufgemacht:

Der Wind, der uns umsonst aufspielte, hat drum
Aus Rache böse Nebel aus dem Meer
Gesogen, die aufs Land dann fielen und
Die kleinsten Bächlein übermütig machten,
So daß sie gleich aus ihren Ufern traten.

Im Klartext: Überschwemmung, das Korn fault grün, das Vieh von Seuche befallen, die Jahreszeiten durcheinander, so daß die Rosen erfrieren und im Winter Knospen treiben –

Und diese ganze Brut von Plagen kommt
Von unserem Streit, unserem Zerwürfnis.

Kein Zweifel – damit alles wieder seine Ordnung hat, müssen die Partner in die Pflichten der Partnerschaft zurückfinden; das tun sie auch – nachdem Oberon der Titania mit Hilfe seines Pucks, eines dienstbaren Kobolds, der im Original Robin Goodfellow heißt, einen Schabernack gespielt hat, der sich zu einem Höhepunkt der Komödie entwickelt: Die Elfenkönigin liebt einen Esel! Da jauchzen die Kinder, Romantiker freuen sich der alles verklärenden Liebe, Realisten forschen, ob es Sex gab (je nach Regie), andere freuen sich über eine Variation der Geschichte von der Schönen und dem Biest.

Puck hatte Titania die Augen mit einem Zaubersaft beträufelt, so daß sie, als sie ihre Augen öffnete, zum ersten Geschöpf, das sie sah, ein Verlangen faßte – wie die Kreditabteilung deutscher Banken, wenn früher, vor der großen Pleite, der Baulöwe Dr. Jürgen Schneider nahte. Bei Titania nahte der biedere Weber Zettel (Bottom), einer aus der Laienspielschar der Athener Handwerker, dem Puck in einem Akt früher Transplantation einen Eselskopf aufgesetzt hatte. Als Oberon endlich den Zauber löst und Titania erkennt, mit wem sie sich da eingelassen hat, ist Oberon wieder Herr im Hause.

Theseus, der Herzog von Athen, der für weltliche Ordnung zu sorgen hat, das Management des Staates, tut sich schwerer mit Hippolyta. Er hat sie besiegt, der Wettkampf ist vorbei, der Termin der Verbindung festgelegt. Aber obwohl er ein Krieger und Hofmann ist, ein gerechter Herrscher, ein Muster an Vernunft – vielleicht zu realistisch, dem der Wald nur zur Jagd taugt, der nicht an Feen und Kobolde glaubt, die dort ihr Unwesen treiben –, wird es noch dauern, bis der Haussegen geradehängt; und erst die Umwerbung zur guten, langen Partnerschaft verspricht Gewinn.

Unter den jungen Leuten herrscht Chaos. Hermia soll Demetrius heiraten, weil ihr Vater das so will (sonst drohen Kloster oder Tod), aber sie liebt Lysander, während ihre Freundin Helena sich an Demetrius hängt wie das Käthchen von Heilbronn an ihren Ritter. Im Wald verwirbelt Puck mit Zaubersaft und Zerstreutheit das Chaos weiter.

Hermia flüchtet mit Lysander in den Wald, man verirrt sich und legt sich – in sittsamem Abstand – schlafen. Als Hermia erwacht, ist Lysander verschwunden. Hat ihr künftiger Partner sie verlassen?

Nein, nimmermehr!
Da glaubt' ich eher, daß es möglich wär',
Daß durch der ganz durchbohrten Erde Boden
Der Mond hindurchkriecht zu den Antipoden!

Die schönsten Vergleiche nützen nichts: der Partner ist weg. Er verfolgt, vom Zaubersaft verwirrt, mit seiner Liebe die Helena; genau wie Demetrius, den Puck entsprechend umprogrammiert hat. Obwohl es am Zaubersaft liegt, argumentiert Lysander poetisch-vernünftig, seine neue Liebe sei das Ergebnis wachsender Reife:

Nicht Hermia, nur Helena will ich haben!
Wer zöge nicht die Taube vor dem Raben?
Vernunft ist's, die des Mannes Wille führt. –
Vernunft sagt, daß der Vorrang dir gebührt!
Alles, was wächst, reift erst zu seiner Zeit,
Ich war noch jung und war noch nicht bereit
Zu klarer Einsicht …

Trotzdem wittert Helena, von Demetrius verschmäht, ein Komplott, um sie zu verspotten: Zwei Burschen, die sie bedrängen – und ist nicht ihre Freundin Hermia verräterisch auch mit ihnen im Bunde? Aus einem Chaos verdrehter Gefühle wird offener Kampf: bei den jungen Männern mit Schimpf und Schwertern; bei den Mädchen mit bösen Worten und scharfen Fingernägeln. Puck hat Mühe, ernsthafte Verletzungen zu verhindern, die vier im Wald zur Ruhe zu betten, die Paare richtig zu ordnen – Hermia und Lysander, Helena und Demetrius – und es so einzurichten, daß sie meinen, sie hätten das alles wohl nur geträumt.

Shakespeares Wald hat sich wieder einmal als psychotherapeutische Praxis bewährt. Es gab damals noch keinen Sigmund Freud und keine Heerscharen von Analytikern, wie sie heute vor allem in den USA bereitstehen. Aber die jungen Leute konnten ihre Phantasien, ihre Wünsche und Ängste vor einer Verbindung – auch ihren Haß bis zur Gewalttat – wie im Traum ausleben und sich dann gefällig in die Gesellschaft einordnen. Auch das Publikum, wenn es mitging, erfuhr ein Stück psychotherapeutischer Behandlung.

Was als Aufruhr gegen die Autorität begann, weil Hermia der Weisung ihres Vaters und des Herzogs Theseus trotzte, Demetrius zu heiraten, kann im Theater mit Zauberkraft zum Happy-End gebracht werden. Und im realen Wirtschafts- und Gesellschaftsleben, wo ständig jemand gegen Autorität und Ordnung aufmuckt, wo es im Geschäftsleben auf allen Ebenen Mißverständnisse, Streit und Intrigen gibt, Neid und Spottsucht? Da hilft nur *managerial magic* – die Zauberkraft des guten Managing!

Und dann die Handwerker. Wer je Handwerker bestellt und sich gefragt hat, warum sie zum vereinbarten Termin nicht gekommen sind, erfährt es im »Sommernachtstraum«: Die Kerle sind ständig im Wald und üben ihr Theaterstück! Diese Komödie der Hilflosigkeit einer Laienspielschar, die Tragödie von »Pyramus und Thisbe« einzuüben und bei der Fürstenhochzeit aufzuführen, kann das Publikum köstlich amüsieren. Tatsächlich ist es ein Trauerspiel. Peter Squenz, der Zimmermann, hat als Dramaturg und Regisseur keinerlei Autorität. Die Laienspieler Schnock und Flaut, Schnauz und Schlucker sind verschüchtert. Zettel, der Weber, nimmt die Sache in die Hand. Ihm ist es egal, wer unter ihm Regie führt. Er traut den Kollegen wenig zu und möchte am liebsten selbst alle Rollen spielen: den Pyramus, auch dessen Geliebte Thisbe, und dann

Let me play the lion too!

Laßt mich den Löwen auch spielen!

Man kennt die Situation aus dem Arbeitsalltag: Wenn einer alles besser weiß, alles übernehmen will – und unter der Hand zerbröselt ihm alles. Zettel ist ein Workaholic und hat immer deren Parole auf den Lippen: »Any problems?« Man braucht Mondschein, und laut Kalender scheint der Mond nicht? Einer aus der Schar muß als Mond auftreten, eine Laterne in der Hand! Man braucht eine Wand, durch die Pyramus und Thisbe ihre Liebe lispeln können? Einer aus der Schar wird mit Mörtel bekleckert, ist die Wand und spreizt die Finger als Ritze fürs Liebesgeflüster!

Neben der Rollenbesetzung muß die Gruppe ein Grundproblem erfolgreichen Managings lösen: sicherstellen, daß die Leistung, also das Theaterstück, beim Publikum, dem Kunden, gut ankommt. Das war auch Shakespeares ständiges Problem als Stückeschreiber – und er verstand es, für ungebildete *groundlings* im Parkett und gebildete Gentlemen und Ladies Deftiges und Feinsinniges genial zu mischen. Den Laienspielern graut vor allem davor, daß der Fürst, die Damen und das gesamte Publikum vor dem brüllenden Löwen, dem vergossenen Blut und den zwei Leichen, die schließlich auf der Bühne liegen, so erschrecken könnten, daß es statt eines Honorars nur Ärger und Strafen gibt. Auch dieses Problem wird von Zettel, dem Weber, gelöst: Das Stück muß gut verpackt, das Erschrecken verhindert werden! Gut verpackt ist halb gewonnen. Freundliche Hüllworte bannen den Schrecken. So wie heutzutage nicht Krücken an Gebrechliche, sondern Gehhilfen an Senioren verkauft werden, klärt die Truppe ihr Publikum auf, daß der Löwe tatsächlich kein Löwe ist und die Toten nicht tot sind. Das nimmt dem Stück, das ohnehin zur Komödie verstolpert wird, die ursprünglich beabsichtigte hochdramatische Wirkung – aber der Erfolg gibt der Truppe recht. Als Schnock, der Schreiner, sich vorgestellt und mitgeteilt hat, daß er kein Löwe sei, befindet das Publikum, als er denn doch wie ein Löwe brüllt:

Well roared, lion!

Gut gebrüllt, Löwe!

Der umtriebige Weber, der bei Shakespeare wohlbedacht Bottom heißt, tritt auf deutschen Bühnen – seit Wielands früher Übersetzung des Stücks – als Zettel auf. Damit entfallen leider einige hübsche Pointen, denn *bottom* heißt einerseits Grund und Boden, andererseits Hintern.

Wenn dann Titania den Weber mit dem Eselskopf liebevoll in die Arme schließt und ihm versichert

Thou art as wise as thou art beautiful

Du bist so weise wie du schön bist

dann weiß das englischsprachige Publikum doch immer, daß diese romantische Phantasie einen Mann betrifft, der Hintern heißt. Als er – entzaubert und ohne Eselskopf – erwacht, versucht er, sich zusammenzureimen, was ihm widerfahren ist:

Ich habe eine höchst seltsame Vision gehabt.
Ich habe einen Traum gehabt, da reicht der Menschenverstand einfach nicht aus zu sagen, was das für ein Traum war: Der Mensch, der hergeht und diesen Traum auslegen will, ist einfach ein Esel ... Des Menschen Auge hat nicht gehört, des Menschen Ohr hat nicht gesehen, des Menschen Hand kann nicht schmecken, seine Zunge kann nicht begreifen noch sein Herz berichten, was mein Traum war.

Vielleicht läßt sich das Unerklärliche, das alle Sinne durcheinanderbringt, poetisch fassen? Peter Squenz soll ihm eine Ballade über seinen Traum schreiben:

It shall be called Bottom's Dream,
because it has no bottom.

Eine Art bodenlose Verträumung, als wäre der Mann, der Hintern heißt, in einen endlos tiefen Brunnen gefallen – ohne jeden Halt an normaler Vernunft; ganz wie Theseus es von den Dingen gesagt hatte, die im Wald geschehen:

More than cool reason ever comprehends

Mehr als je kühlere Vernunft begreift

Doch wenn Bottom dann Zettel heißt, werden die Übersetzungen schwierig, die Assoziationen schwach und die Wortspiele flach. Dann soll die Ballade (bei Schlegel-Tieck) »Zettels Traum heißen, weil sie so seltsam angezettelt ist«, oder (bei Fried) »Zettels Traum genannt werden, damit es im Gedächtnis bleibt und nicht verzettelt wird«, entsprechend hat auch Arno Schmidt, der einen eigenwilligen Umgang mit der Sprache pflegte, sein großes Buch »Zettels Traum« genannt.

Das sind Feinheiten, die von der Masse des deutschen Publikums nicht wahrgenommen werden. Das muß auch nicht sein. Doch wer sie wahrnimmt, der Kenner, hat Anlaß für eine Prise zusätzliches Amüsement.

Die Ballade »Bottom's Dream« hat Peter Squenz nie geschrieben, der Weber konnte sie also nicht, wie er wollte, nach der Aufführung von »Pyramus und Thisbe« singen. Auch den Epilog, den er dann anbot, fand Fürst Theseus überflüssig:

Keinen Epilog, ich bitt' euch; denn euer Spiel bedarf keiner Entschuldigung. Entschuldigt euch nie, wenn alle Schauspieler tot sind, denn dann kann man keinen mehr zur Rede stellen.

Othello
Wer Intriganten traut, ist schnell verloren

Daß ein General – oder Generaldirektor – fortgeschrittenen Alters seine schöne junge Frau auf einer kombinierten Dienst- und Hochzeitsreise – von Venedig nach Zypern – abends im Bett erwürgt, kommt nicht häufig vor. Aber daß ein Kollege J. in der Firma und in der Nachbarschaft böse Gerüchte verbreitet und Intrigen spinnt, einen Freund um sein Vermögen bringt, sich auf der Karriereleiter übersprungen fühlt und am Chef heimtückisch Rache nimmt – das passiert auch heutzutage gar nicht selten in den Büros und Betrieben unserer Arbeitswelt.

Da möchte man sich schützen und gegenhalten – besser, als es Othello gegenüber dem intriganten Jago gelang. Othello ist der Titelheld der Tragödie, ein tapferer Mohr und Feldherr in venezianischen Diensten. Die Senatorentochter Desdemona ist seine heimlich angetraute Frau und schließlich sein Opfer. »Das grünäugige Ungeheuer« Eifersucht ist das Thema zwischen dem Farbigen, der trotz aller Leistungen ein Fremdling in der Gesellschaft bleibt, und Desdemona, die diese Gesellschaft verkörpert, auch wenn sie ihr Herz dem fremden Abenteuerer geschenkt hat. Aus dieser gesellschaftlichen Situation heraus ist das tiefe Mißtrauen verständlich, von dem Othello besessen ist; wie es heute manchen plagt, der ins Topmanagement aufgestiegen ist – selbst wenn es keine gesellschaftlichen Probleme gibt oder zu geben scheint:

Das ist mir ein Fluch, daß ich nach Bösem
Ausschau halte und daß
Mein Argwohn Fehler sieht, die gar nicht da sind!

Das ist die Schwäche des Generalmanagers O. Aber nicht er formuliert das Problem, sondern Kollege J. – vorgeblich als seinen eigenen Fluch – im Gespräch mit O. Ein teuflischer Psychotrick! Denn das schafft Sympathie für J. bei O., der seine eigene Schwäche vermutlich fühlt, und es legt, weil Kollege J. sich so zu seiner Schwäche bekennt, dessen Verdächtigungen besonderes Gewicht bei.

Gesundes Mißtrauen ist kein Fehler. Aber in Anlehnung an Lenins vielzitierten Satz »Vertrauen ist gut, Kontrolle ist besser« muß gelten: Zu viel Mißtrauen ist falsch, Selbstkontrolle ist besser. Daran fehlt es O. Und es fehlt ihm an Menschenkenntnis. Wie würde er sonst seinen Mitarbeiter J. für seinen besten Freund halten, wenn er ihn eben, bei der Nominierung des Vizechefs, übergangen hat! Noch dazu mit Cassio, dem Kollegen C., der theoretisch gut ausgebildet ist, auch rechnen kann, aber nach Meinung des Kollegen J. von der Praxis keine Ahnung hat. Der Unmut des J. ist verständlich:

Das ist der Fluch in unserm Dienst:
Beförderung geht nach Protektion und Laune,
Nicht nach der alten Rangordnung, wo der Zweite
Des Ersten Erbe war.

Sein Frust wird zur Feindseligkeit gegen Generalmanager O.:

Ich dien' ihm, um mich seiner zu bedienen

Das zeigt sich als bestimmende Haltung des Kollegen J. Er instrumentalisiert alle in seiner Umgebung: seinen Freund Rodrigo als Geldbeschaffer mit der wiederholten Forderung

Put money in your purse!

Tu Geld in deinen Beutel!

und zudem als Unruhestifter und Killer; seine eigene Frau Emilia zur Beschaffung falscher Indizien für Desdemonas Treulosigkeit; den Kollegen C. – mit Alkohol – zum unzuverlässigen Leiter der Nachtschicht und fälschlich zu Desdemonas Verführer; Desdemona zur Beschützerin von C., um O. zu irritieren; und O. schließlich zum Mörder Desdemonas und zum Selbstmörder. Daß Jago

Lauschangriff mit mörderischen Folgen

am Ende statt des erstrebten Vizepostens die Folter bekommt, ist angesichts des großen Leids und der vielen Toten ein schwacher Trost. Und daß Cassio, der Kollege C., anständig, aber unerfahren und zudem verwundet, das Kommando auf Zypern erhält, also drei Hüte tragen soll, den des toten Generalmanagers O., seinen eigenen als Vizechef und den des Kollegen J. als dritter Mann im Management, wirkt sogar als Übergangslösung für den Gesamtbetrieb bedenklich; selbst wenn in Rechnung gestellt wird, daß die äußere Bedrohung – durch die türkische Flotte – schon durch gefälligen Sturm beseitigt war, bevor die Othello-Tragödie zum Ausbruch kam.

Das fatale Intrigennetz des Kollegen J. hängt an zwei Pfählen: einerseits an seiner eiskalten, böswilligen Zielstrebigkeit, gepaart mit einer bewundernswerten Fähigkeit, zu täuschen, zu tricksen und sich je nach den Umständen zu tarnen; andererseits an dem erschreckenden Mangel an Menschenkenntnis und einer naiven Leichtgläubigkeit der Personen, die mit ihm zu tun haben.

Gegenüber seinem Freund R., dem er seinen Frust und seine Pläne, sich des Generalmanagers O. zu bedienen, offen ausbreitet, erklärt sich J. gleich anfangs unverstellt:

I am not what I am

Ich bin nicht, was ich bin.

So setzt er Masken der Treuherzigkeit auf: der gute Freund, der ehrliche Berater, der selbstlose Vermittler, der Entdecker von Unrecht und Schande, den es scheinbar nicht kümmert, wenn er durch kritische Gefälligkeit an Sympathie verliert:

Ich bin nichts, wenn ich nicht kritisch bin.

Der naive Kollege R. glaubt nur zu gern, daß er, wenn er nur genug investiert, durch Vermittlung des Kollegen J. die Neigung der Frau D. gewinnen kann, wenn sie des angejahrten, dunklen O. überdrüssig wird. Dem Vater von Frau D. leuchtet ein, daß Kollege J. aus Sorge um die Unschuld seines »weißen Schäfchens« nächtlich

Lärm schlägt. Kollege C., der Theoretiker, der den Job als Vizechef bekam, spürt nicht den Konkurrenzneid des Kollegen J. Er läßt sich durch dessen Rat zum eigenen Schaden überzeugen, daß er, von Generalmanager O. aufgrund nächtlicher Verfehlung aus dem Amt entlassen, bei Frau D. intervenieren muß, um den Job zurückzubekommen. Frau D. findet den militärisch-schnodderigen, mit sexuellen Anspielungen nicht zaghaften Kollegen J. gar nicht unsympathisch, und seine eigene Frau E. fühlt sich ihm bis zum fatalen Ende, als sie die Wahrheit herausschreit und von J. erstochen wird, zum ehelichen Gehorsam verpflichtet, obwohl sie seine Schurkereien ahnt.

Auch Othello, auf den Jagos Rachepläne vor allem zielen, läßt sich täuschen und umgarnen. Er zeigt einen Mangel an Menschenkenntnis, wie er im Spitzenmanagement keinen Platz haben sollte. Bis fast zum Schluß, als Desdemona schon erwürgt ist, bleibt Jago für ihn ein ehrlicher Kerl: »Honest Iago!« Der Intrigant, Einflüsterer und Mordtreiber als Kronzeuge – das kann nicht gut enden.

Othello ist in dunklen Mythen befangen und von schlagkräftiger Tapferkeit, kein bedächtiger Analytiker. Aber auch er handelt nicht auf ersten Verdacht hin. Er will Beweise.

Ich will sehen, bevor ich zweif'le;
Und wenn ich zweif'le: den Beweis.

Kollege J. liefert. Erst schwach, eine erfundene Geschichte, wie Kollege C. sich im Bett gewälzt und im Traum ausgeplaudert habe, wie es mit Frau D. gegangen sei. Dann den Hinweis, wie Frau D. sich sichtlich um den Kollegen C. bemühe, daß er seinen Posten zurückbekomme.

Kleinigkeiten,
Leicht wie die Luft sind für die Eifersucht
Beweise, glaubhaft wie das Evangelium.

Schließlich das wichtigste Indiz: Ein geheimnisvolles Taschentüchlein mit eingesticktem Zauber, ein Erbstück in der Familie des Mohren, sein erstes Liebespfand für die

Braut, das Frau D. verliert und das Frau E. ihrem intriganten Mann überläßt, spielt dieser dem Kollegen C. zu. Das Liebespfand in der Hand eines Nebenbuhlers?! So untreu?! Dazu inszeniert Kollege J. für Generalmanager O. eine Pantomime: Kollege C. zeigt in gestenreicher Darstellung, mit einem kräftigen Schuß Machismo, wie er mit seiner Freundin B. umgeht – und O., außer Hörweite, meint, seinen Augen trauen zu müssen, daß der Kerl es so mit Desdemona getrieben habe.

Kann man sich so etwas gefallen lassen? Man könnte, wenn man es nicht wüßte.

Wenn der Beraubte nicht den Raub vermißt,
So sagt's ihm nicht, dann ist er nicht beraubt!

O. hat schon immer gefürchtet, so etwas könne geschehen.

Arm und zufrieden ist reich – und reich genug!
Doch aller Reichtum ist als wie der Winter
Für den, der immer fürchtet, er wird arm sein.

Frau D. ist sein Glück, sein Stolz, sein Reichtum. Er gibt sie verloren. Er ist arm. Er schnaubt Mord.

Hast du zur Nacht gebetet, Desdemona?

Ein letztes Zögern. Ein letztes Flehen der Desdemona, um ihr Leben, um noch eine Nacht, eine Stunde, ein Gebet. Hätte sie ihr Schicksal wenden können, wenn sie die richtigen Worte gefunden hätte? Unter dem Titel »Wenn du geredet hättest, Desdemona« hat sich die Schriftstellerin Christine Brückner in unseren Tagen als eine Art Ghostwriter versucht und eine Rede der Desdemona für »Die letzte Viertelstunde im Schlafgemach des Feldherrn Othello« verfaßt; ein geschickter Text zwischen vernünftigen Thesen und verzweifelten Tränen, und zum Happy-End müssen beide lachen, weil auch er kein Taschentuch hat und nackt ist unter seinem Wams. Ob ein wütender Generalmanager O. für so etwas genügend Geduld und Humor hätte?

Zweifelhaft. Bei Shakespeare hat Desdemona nicht

mehr viel zu sagen. Sie wird erwürgt. Othello, danach endlich aufgeklärt, setzt seinem Leben ein Ende.

Wie hatte das Gift falscher Eifersucht diesen Kerl von einem Mann so weit bringen können? Trotz seines militanten Gehabes fehlte es ihm an Selbstsicherheit. Die Rüstung des schwarzen Ritters hatte Löcher, in die Jago sein Gift träufeln konnte. Trotz seines Ranges und seiner Verdienste um Venedig fühlte sich Othello als Außenseiter: mit dunkler Haut, schon im »Tal der Jahre«, ziviler Sitten und der schönen Leichtigkeit des Seins wenig kundig und ihnen noch weniger geneigt; da tut es wohl, die schöne Tochter eines venezianischen Senators erobert zu haben – und macht doch unsicher: Ob das verdient sei und sich halten ließe?

Gegen diesen äußerlich machtvollen, innerlich unsicheren Mann tritt Jago an. Als Einzelgänger. Aber dieser Kollege J. versteht es, ein ganzes Rudel, das ihm unwissentlich – oder vielleicht doch auch mit Ressentiments gegen den Außenseiter? – hilft, für seinen Feldzug zu orchestrieren. Wie er Mißtrauen sät, Menschen in Verruf und gegeneinander aufbringt, wie er rücksichtslos Intrigen spinnt und Fallen stellt – damit kann Kollege J. als Stammvater der quälenden, boshaften Feldzüge gelten, die heutzutage in Betrieben der Wirtschaftsgesellschaft so oft gegen Außenseiter inszeniert werden; auch wenn sie nicht an dunkler Haut als anders kenntlich sind, sondern nur irgendwie nicht in die Betriebsmeute zu passen scheinen.

Man nennt es »Mobbing«. Es kann tödlich sein.

Julius Cäsar
Wer reden kann, kann die Welt verändern

Ein Mann steht an der Leiche seines Freundes, des großen Staatsmannes. Die mörderischen Verschwörer sind Herren der Lage. Das Volk hat ihnen zugejubelt. Aber dann gelingt es dem einsamen Mann, nur mit der rhetorischen Kraft seiner Worte, das Volk umzustimmen und die Lage zu wenden. Die Verschwörer flüchten aus der Stadt und werden später besiegt.

Diese Wirkung läßt die Rede des Mark Anton in Shakespeares Tragödie »Julius Cäsar« als brillantes Meisterstück der Rhetorik erscheinen. Vielleicht die beste Rede, die je geschrieben wurde. Was Mark Anton 44 v. Chr. in Rom tatsächlich – Plutarch zufolge – sagte und wie es wirkte, war für Shakespeare nur ein Ansatz, um als Ghostwriter um 1600 eine große Rede nachzuliefern. Eine Meisterrede für jeden, der seine Rednergabe verbessern möchte, um die Welt zu verändern; wenigstens ein kleines Stück unserer Arbeitswelt, in der es oft darauf ankommt, wie man miteinander redet. Und darauf, ob ein Manager die richtigen Worte findet, um andere Menschen, auch wenn sie zunächst ablehnend sind, auf seine Ziele einzustimmen.

Shakespeares Tragödie zeigt den Konflikt zwischen dem übermächtigen Cäsar, dem mancher zutraut, daß er schließlich nach der Krone greifen wird, und Brutus als Bewahrer republikanischer Traditionen und bürgerlicher Freiheit. Weil Titelheld »Julius Cäsar« schon zu Beginn des dritten Aktes ermordet wird, könnte das Stück auch »Brutus – die Tragödie eines Moralisten« heißen. Denn Brutus und wie er sich gegen die Ratschläge des weltgewandten Cassius und schließlich zum eigenen Schaden müht, auch als Mörder moralische Integrität zu wahren, steht im Mittelpunkt des Dramas.

Nach dem langen Anlauf der Verschwörung ist der Mord rasch getan. Daß die Verschwörer zustechen, zuletzt auch Cäsars Freund Brutus

Et te, Brute?

Auch du, Brutus?

ergibt eine hochdramatische Szene. Aber keine Überraschung. Der überraschende Wendepunkt des Dramas kommt, als Brutus dem Volk in wohlgesetzten Worten vernünftig dargelegt hat, wie es für ihn mit Cäsar stand:

Weil Cäsar mich liebte, weine ich um ihn;
weil er tapfer war, erweise ich ihm Ehre;
aber weil er herrschsüchtig war, erschlug ich ihn

und dann Mark Anton mit einer äußerst geschickten, hochemotionalen Rede das Gesetz des Handelns an sich reißt. Diese Rede ist auch heute noch eine Analyse wert. Mark Anton beginnt verhalten:

Freunde, Römer, Landsleute! Hört mich an;
Begraben will ich Cäsar, nicht ihn rühmen.
Was Menschen Böses tun, das überlebt sie,
Das Gute geht ins Grab oft mit den Knochen.
So sei es auch mit Cäsar.

Vorsichtig weckt Antonius die Vermutung, daß an Cäsar, gegen den die Menge jetzt als schlimmen, tyrannischen Herrscher eingestimmt ist, etwas Gutes war, das mit ihm begraben werden soll. Was mag das sein? Man wird neugierig.

Der edle Brutus hat euch gesagt:
Cäsar war herrschsüchtig.
Und war er das, so war's ein schwerer Fehler,
Und schwer hat Cäsar ihn denn auch gesühnt.

Antonius wiederholt die *message* des Brutus: Cäsar war herrschsüchtig – aber nicht als Fakt, sondern als Möglichkeit. Und jedenfalls: Falls der Vorwurf berechtigt war, ist er mit Cäsars Tod getilgt.

Hier, wie Brutus und die and'ren es gestatten
– denn Brutus ist ein ehrenwerter Mann,
das sind sie alle: ehrenwerte Männer –
Will ich nun Cäsars Leichenrede halten.

Antonius nennt Brutus und seine Mitverschwörer ehrenwerte Männer: »honourable men«. Das ist die *catchphrase:* die Wendung, um die sich alles dreht. Erst zeigt das Wort großen Respekt an, denn die Verschwörer hatten sich für ihre Tat auf ihre Ehre berufen; und daß diese Ehrenmänner ihm die Leichenrede gestatten, legitimiert auch Antonius beim Publikum. Aber je weiter die Rede fortschreitet, desto mehr wird »honourable men« zum Reizwort, zum Schimpfwort – und endlich zum Synonym für Mörder und Verräter.

Er war mein Freund, treu und gerecht zu mir.

Ein persönliches Bekenntnis zum Toten. Das erfordert Mut. Wenn die Menge es hinnimmt, hat Antonius viel gewonnen. Die Menge nimmt es hin.

Doch Brutus sagt, daß er voll Herrschsucht war,
Und Brutus ist ein ehrenwerter Mann.

Durch immer neue Wiederholung prägt Antonius es ein: Cäsars Herrschsucht – das ist die These des Brutus; daran hängt dessen Ehre. Wird die These widerlegt, verliert Brutus seine Ehre.

Ihr alle saht, wie beim Lupercus-Fest,
Ich dreimal ihm die Königskrone anbot,
Die dreimal er verweigert. War das Herrschsucht?

Die Menge wird sich erinnern, was sie vor vier Wochen beim Lupercus-Fest gesehen hat. Ob Cäsars Hand von Mal zu Mal mehr nach der Krone zuckte, wie die Verschwörer es gesehen haben – das zählt jetzt nicht. Unbestritten ist: Er nahm die Krone nicht. So herrschsüchtig war er also nicht. War er überhaupt herrschsüchtig?

Doch Brutus sagt: er war herrschsüchtig,
Und er ist gewiß ein ehrenwerter Mann.

Loyalität statt Wankelmut

Soll ich, mag mancher Bürger sich jetzt fragen, dem Wort des Brutus mehr trauen als meinen eigenen Augen? Ich sah doch, daß Cäsar die Krone dreimal wegschob. Und wenn mein eigener Augenschein das Wort des Brutus widerlegt – ist er dann noch ein ehrenwerter Mann?

Ich rede nicht, um Brutus hier zu widerlegen,

Antonius hatte versprochen, die Verschwörer nicht schlechtzumachen. Statt dessen sucht er als geschickter Advokat die Menge zu einem Urteil über die Schlechtigkeit der Verschwörer zu bewegen.

Ich steh' nur hier, zu sagen, was ich weiß.
Ihr alle hattet ihn einst lieb, nicht ohne Grund,
Nun, welcher Grund hemmt euch, um ihn zu trauern?
O Urteilskraft, du flohst zum blöden Vieh,
Und Menschen sind von Sinnen! – Habt Geduld,
Mein Herz ist in dem Sarge dort bei Cäsar,
Und ich muß schweigen, bis es wiederkommt.

Jetzt hat Antonius das Volk direkt angesprochen. Wollen die Menschen es noch wahrhaben, daß sie Cäsar geliebt haben? Lassen sie den Vorwurf auf sich sitzen, sie seien jetzt blöder als das Vieh? Antonius hat seine Pfeile abgeschossen. Er schweigt. Er spitzt die Ohren. Er muß horchen, was die Menge flüstert. Das ist seine Erfolgskontrolle. Eine Zwischenstation. Das entscheidet über seine weitere rhetorische Strategie. Er darf mit sich zufrieden sein. Die Menge hat Mitleid mit ihm. Sie würdigt ihn und wägt seine Worte. Voller Kontakt zwischen Redner und Publikum! Zweifel breitet sich aus an der These des Brutus, daß Cäsar herrschsüchtig war. Dumpfe Zukunftsangst und unklarer Wunsch nach Vergeltung. Unheilschwanger zieht sich etwas zusammen. Kann Antonius aus der Spannung einen Blitz zünden?

Noch gestern hätt' umsonst dem Wort des Cäsars
Die Welt sich widersetzt, nun liegt er da,
Und der Geringste neigt sich nicht vor ihm.

Wie noch in trauriger Trance, gestattet sich Antonius, was

Brutus verboten hatte: Cäsar zu rühmen. Neigt sich niemand mehr vor Cäsar? Vor seiner gestrigen Größe? Aus Anstand gegenüber dem Toten? Wer sich nicht neigt, mag in Verlegenheit geraten.

O Meister! Wenn ich die Herzen euch und Köpfe
Aufstören wollt' zu Meuterei und Wut,
Dann tät ich Brutus Unrecht, Cassius Unrecht,
Die ihr als ehrenwerte Männer kennt.

Jetzt fallen Reizworte: Meuterei, Wut. Jetzt ordnet Antonius die Gruppen: hier die »Wir«-Gruppe, er selbst, der tote Cäsar, das Volk. Dort Brutus, Cassius, die Verschwörer.

Ich will ihnen nicht Unrecht tun; ich tu
Lieber dem Toten Unrecht, mir und euch
Als Unrecht solchen ehrenwerten Männern!

Recht und Unrecht, Tod und Ehre, ich, ihr und die anderen – Antonius mischt es kräftig an. Die Menge soll sich ihr Bild machen. Etwas abstrakt, als hehrer Hintergrund dienlich. Aber er muß konkreter werden.

Doch hier: Ein Pergament mit Cäsars Siegel!
Ich fand's bei ihm im Haus; sein letzter Wille.

Ein Schaustück! Jetzt läuft die audiovisuelle Vorstellung. Jeder geschickte Redner freut sich, wenn er etwas vorzeigen kann. Die meisten müssen sich mit Tabellen, Dias und Filmstücken begnügen.

Vernähme nur das Volk dies Testament,
Ich hab' – verzeiht! – nicht vor, es zu verlesen,
Sie würden Cäsars Todeswunden küssen
und tauchten Tücher in sein heiliges Blut,
Ja, bäten um ein Haar von ihm, zur Erinn'rung,
Und, wenn sie sterben, es im Testament
Als reiches Erbstück hinterlassen
Für ihre Kinder.

Schwülstige Bilder und geschickte Schachzüge des Redners. Er wird das Testament nicht einfach vorlesen – in der römischen Realität, soweit bekannt, hat Antonius es verlesen lassen –, sondern sich abkaufen lassen. Und irgendwie läßt er den Verdacht aufkommen, Brutus hätte das vielleicht verboten – ein Flecken auf dessen Ehrenschild. Die Menge reagiert wie programmiert:

Wir wollen Cäsars Willen hören!

Damit ist Antonius vom Volk als Testamentsvollstrecker akzeptiert.

Still, liebe Freunde; ich darf's nicht lesen.
Ihr sollt nicht wissen, wie euch Cäsar liebte.
Ihr seid nicht Holz, ihr seid nicht Stein, nur Menschen,
Und weil ihr Menschen seid, setzt Cäsars Wille euch
Wenn ihr ihn hört, in Brand; und macht euch wild.
Ihr dürft nicht wissen, daß ihr ihn beerbt,
Denn wüßtet ihr's – oh, was könnte draus entsteh'n!?

Antonius ziert sich, läßt sich von der Menge drängen, die verlangt: »Lest das Testament!«

Wollt ihr euch gedulden? Wollt ihr warten?
Ich hab' schon viel zuviel gesagt. – Ich fürchte,
Ich tu' den ehrenwerten Männern Unrecht,
Durch deren Dolche Cäsar fiel; – das fürcht' ich.

Antonius reizt die Neugier der Menge auf das Testament weiter an und bringt die *catch-phrase* »ehrenwerte Männer« geschickt mit »Unrecht« in – zumindest syntaktischen – Zusammenhang. Wieder kommt die Reaktion prompt, als einer aus der Menge schreit: »Sie war'n Verräter – ehrenwerte Männer!« Jetzt ist die sorgsam vorbereitete Haftladung des Mark Anton losgegangen: Das Wort »ehrenwerte Männer« kippt um. Es wird zum Synonym für Verräter – gleich auch für Mörder – in den Ohren der Menge, die endlich das Testament hören will.

So zwingt ihr mich, das Testament zu lesen?
Dann schließt den Kreis um Cäsars Leiche.
Ich zeig' euch den, der diesen Willen schrieb.
Soll ich herunter? Gebt ihr mir frei Geleit?

Ja, das will die Menge! Antonius darf den Schulterschluß mit den Menschen vollziehen, die ihm eben noch feindselig gegenüberstanden.

Nein, drängt nicht so um mich. Steht weiter weg!

Antonius hat die Menge im Griff. Er kann die Menschen dirigieren, daß sie ihn aufnehmen, als einen von ihnen, und kann sie mit Worten zurückdrängen, um seine Distanz zu wahren. Er ist seiner Sache sicher. Er kann sich offen zu Cäsar bekennen – mit einem rhetorischen Meisterstück innerhalb der großen Rede, das direkt ans Gemüt geht.

Jetzt, wenn ihr Tränen habt, macht euch bereit,
Sie zu vergießen. – Diesen Mantel kennt ihr alle

Das zweite Schaustück der audiovisuellen Vorstellung. Näher am Toten als das Testament – und bald eine blutbefleckte Rachefahne der »Wir«-Gruppe.

Ich weiß noch genau,
Wann Cäsar ihn zum erstenmal anzog,
Es war an einem Sommerabend, in seinem Zelt,
Am Tag, als er die Nervier besiegte …

Daß die Historiker inzwischen nachgerechnet haben, daß Mark Anton an diesem Tag, der Cäsar einen knappen Sieg brachte, nicht bei ihm im Felde stand, ist nicht wichtig. Es geht darum, für die Menge mit Cäsar auf Tuchfühlung zu kommen.

Schaut; da! Da drang der Dolch des Cassius durch!
Seht, welchen Riß der tückische Casca machte!

Woher weiß Antonius, wo Cassius und wo Casca zustach? Er weiß es nicht. Aber er muß konkretisieren und personalisieren, damit die Menge, die nicht dabei war, Stich um Stich erlebt, wie Cäsar umgebracht wurde.

Und hier – den Stoß des vielgeliebten Brutus.
Als er seinen verfluchten Stahl dann wegriß,
Schaut her, wie ihm das Blut des Cäsars folgte,

Als lief es aus der Tür, um zu erfahren,
Ob wirklich Brutus so unfreundlich anschlug.
Denn Brutus, wie ihr wißt, war Cäsars Engel!
Ihr Götter, urteilt, wie ihn Cäsar liebte!
Das war der schlimmste Stich von allen.
Denn als der edle Cäsar auch ihn stechen sah,
Warf Undank, stärker als Verräterwaffen,
Ihn gänzlich nieder; da brach sein großes Herz.
In seinen Mantel hüllt' er sein Gesicht,
Und grad am Fuß der Statue des Pompeius,
von der das Blut rann, fiel der große Cäsar.
Oh, meine Bürger, welch ein Fall war das!
Da fiel ich; ihr – wir alle fielen nieder,
Und über uns floß blutiger Verrat.
O ja, jetzt weint ihr, und ich merk, ihr fühlt
Den Drang des Mitleids; das sind sanfte Tropfen. –

Eine blutrünstige Schilderung. Die »Wir«-Gruppe wie im Blutbad vereint – fast so wie die Verschwörer, als sie ihre Hände in Cäsars frischgeflossenes Blut tauchten. Mit seinen letzten Worten von Mitleid und Tränen und Trauerfall schafft Antonius eine Stimmung, in der sein drittes Schaustück – nach dem Testament und dem blutigen Mantel – wie ein *coup de grâce* wirken muß, um die Menge unter seinen Rachewillen zu zwingen.

Ihr, gute Seelen, weint, und seht doch nur
Unseres Cäsars Kleid verwundet. – Seht her!
Hier ist er selbst! Geschändet von Verrätern!

Das ist der Höhepunkt der visuellen Rhetorik. Mark Anton enthüllt das Opfer! Er enthüllt die Wahrheit: geschändet von Verrätern! Er läßt alle Vorsicht, alle Versprechungen fallen. Er brandmarkt die Gegner: Verräter! Kein Deuteln mehr um Herrschsucht und Ehre. Er sagt es nicht, aber was er sagt und zeigt, läßt nur ein Echo zu: Rache! Und die Menge schreit Verräter, schreit Rache, schnaubt Mord und Brand, will los, die Verschwörer erschlagen. Läßt er sie laufen? Er kennt den Wankelmut der Menge. Er hat ihn selbst erfahren, als die Menschen so rasch von Brutus zu ihm überliefen. Er muß den Willen der Menge befestigen, bevor er sie losläßt.

Wartet, Landsleute!
Gute Freunde, liebe Freunde,
Laßt euch doch von mir nicht hinreißen
Zu einer jähen Sturzflut der Empörung!
Die diese Tat getan, sind ehrenwert.
Was sie persönlich so beschwerte, daß sie
Das taten, ach, das weiß ich nicht.
Doch sie sind weise, ehrenwert und werden
Euch ohne Zweifel dann mit Gründen kommen.
Ich kam nicht, Freunde, euer Herz zu stehlen.
Ich bin kein Redner, wie es Brutus ist –

Das ist gut. Das ist wichtig! Der Redner muß durch seine Rede, aber nicht als Redner wirken. Damals in Rom nicht, noch weniger heute in Deutschland. Sonst meinen die Menschen schnell, er sei ein Schönredner, ein Schwätzer, ein Marktschreier mit »hohler« Rhetorik. Der Redner muß sich hinter seiner Rede kleinmachen. In England hilft dabei ein gewisses Stottern, ein *Oxfordian stammer;* in Deutschland ist es in jeder Vereinssitzung üblich, einen Diskussionsbeitrag mit der – inzwischen völlig abgedroschenen – Wendung zu eröffnen: »Ich bin ja kein Redner …« Jedenfalls: Redner sein, nicht als Redner gelten – das ist entscheidend für den Erfolg.

(Ich bin kein Redner, wie es Brutus ist)
Nur, wie ihr alle wißt, ein schlichter Mann,
Dem Freund ergeben, und das wissen die auch,
Die mir erlaubten, hier von ihm zu sprechen.
Denn ich hab' weder Witz, noch Wort, noch Anseh'n,
Nicht Wirkung, Ausdruck, noch der Rede Feuer,
Der Menschen Blut zu reizen; ich spreche gradzu,
Ich sag euch, was ihr selber wißt,
Zeig euch des geliebten Cäsars Wunden,
Arme, arme stumme Münder, und bitte sie,
Für mich zu sprechen. Doch wär ich Brutus
Und Brutus Mark Anton, dann gäb es einen Mark Anton,

Der schürte eure Geister und liehe
Jeder Wunde Cäsars eine Zunge, die selbst
Die Steine Roms rief zu Aufruhr und Empörung!

Wieder kommt aus der Menge das Echo: Aufruhr! Empörung! Wieder will die Menge los, das Haus des Brutus niederbrennen. Wieder hält Antonius sie zurück.

Hört mich noch, Landsleute! Hört mich noch an!

Was denn nun noch? Goethe sagte: Enthusiasmus läßt sich nicht auf Flaschen ziehen. Rachedurst auch nicht. Wenn Antonius die Wut der Menge wieder verkorkt, kann sie sich dann nicht gegen ihn wenden? Was hat er noch zu sagen?

Freunde, nun geht ihr, wollt, wer weiß, was tun. –
Wodurch verdient denn Cäsar eure Liebe?
Ach ja, ihr wißt's nicht! Ich muß es euch erst sagen:
Ihr habt das Testament vergessen, von dem ich sprach!

Richtig! Das Testament! Vor ein paar Augenblicken noch benahm sich die Menge, als hinge ihre Seligkeit davon ab, Cäsars letzten Willen zu erfahren. Nun haben es die Leute glatt vergessen! Das zeigt, wie stark der blutige Mantel und die verstümmelte Leiche – und die rhetorische Kunst des Mark Anton – auf die Menge gewirkt haben. Und – Hand aufs Herz, liebe Leser, haben Sie noch an das Testament gedacht? Nein? Das wäre die schönste Bestätigung für die Redekunst des Mark Anton. Er hat das Pergament zweimal eingesetzt: Erst war es sein Freipaß in die Menge zum solidarischen Schulterschluß im Kreis des Volkes; jetzt wirkt es als Befestigungsmittel: eine Art Lohnzusage für die Mordsarbeit, die bevorsteht.

Hier ist das Testament mit Cäsars Siegel.
Darin vermacht er jedem Bürger Roms,
Auf jeden Kopf euch fünfundsiebzig Drachmen.

Eine klare, vorstellbare, pro Kopf ausgerechnete Summe, die als großzügig empfunden wurde – keine schäbigen

Pfennige, keine abstrakten Zahlen mit Nullen und Kommastellen.

Hört mich mit Geduld!
Ferner läßt er euch alle seine Lustgehege,
Verschloß'ne Lauben, neugepflanzte Gärten
An diesem Tiberufer: für euch selbst
Und eure Erben auf ewige Zeiten,
Damit ihr euch erholt dort und ergötzt.
Das war ein Cäsar! Wann kommt seinesgleichen?

Wieder das Echo der Menge wie programmiert: Nie! Nie! Und Feuer und Rache!

Nun wirk' es fort. Unheil, du bist jetzt im Gange,
Nimm, welchen Lauf du willst.

Rhetorischer Sieg des Mark Anton auf der ganzen Linie. Und der Erfolg – so schnell kann's gehen – wird sofort von einem Diener des Oktavian bestätigt, der Antonius meldet, wie er gehört habe, seien Brutus und Cassius wie toll aus der Stadt geritten.

Brutus und Cassius – zwei Republikaner, aber zwei sehr unterschiedliche Charaktere. Ein Idealist und ein politischer Praktiker. Ein Moralist und ein Zyniker. Cäsar hatte Brutus und die Tiefe seines republikanischen Ehrgefühls unterschätzt. Cassius hatte er richtig im Blick gehabt, als er sagte:

Laßt wohlbeleibte Männer um mich sein,
mit glatten Köpfen und die nachts gut schlafen.
Der Cassius dort sieht hager aus und hungrig,
Er denkt zuviel; so Menschen sind gefährlich.

Nach Cäsars Tod stehen Brutus und Cassius mit ihren Truppen gegen Cäsars Adoptivsohn Oktavian, Mark Anton und Lepidus mit deren Heer. Es kriselt in der Führung der republikanischen Verschwörer, zwischen Brutus und Cassius. Es geht, wie so oft, um Geld. Und für Brutus um die Moral. Er will nicht wissen, wie die Bevölkerung ausgepreßt wird, nichts von Postenschacher und Schmiergeld, daß Cassius auch gern mal fünfe gerade sein – aber ihn im Stich läßt, wenn er für seine Soldaten Geld braucht. Ein bitterer Streit im Management; fast ziehen sie die Schwerter gegeneinander, auch nach der Versöhnung bleiben Narben.

Cassius will das feindliche Heer in der eigenen guten Stellung erwarten, Brutus ihm nach Philippi entgegenziehen. Nur um die neu besiegelte Freundschaft nicht wieder zu gefährden, beugt sich der bessere Stratege Cassius dem Plan des Brutus, der meint, man stehe auf dem Gipfel der Stärke, der Feind nähme noch an Stärke zu. Es gelte, jetzt die Flut zu nützen.

Es war das dritten Mal, daß der Moralist sich über die Vorschläge des Praktikers zum eigenen Schaden hinwegsetzte. Cassius hatte vergeblich verlangt, mit Cäsar auch Mark Anton umzubringen. Brutus ließ ihn leben. Cassius hatte vergeblich davor gewarnt, Mark Anton an Cäsars Leiche zum Volk sprechen zu lassen. Brutus ließ ihn reden. Cassius warnte vergeblich, auf Philippi zu marschieren – und die Schlacht wurde für die Verschwörer erst zum Chaos, dann zur Katastrophe. Weil Brutus, dem Cäsars Geist erschienen war, bedrückt schien, mehr noch, weil die Kommunikation nicht funktionierte. Falschmeldungen und Fehler jagten sich – bis Cassius und Brutus vor allem damit beschäftigt waren, sich selbst anständig umzubringen.

So läßt sich keine Schlacht gewinnen.

Hamlet
Wer nicht handelt, wird abkassiert

Von Shakespeares Helden ist keiner den Deutschen so ans Herz gewachsen wie Hamlet; einer, der sich zu untragbar Großem herausgefordert fühlt: nicht nur die Ermordung seines königlichen Vaters zu sühnen, sondern ganz allgemein die Weltordnung, die aus dem Leim gegangen ist, wieder einzurenken.

The time is out of joint. – O cursed spite,
That ever I was born to set it right!

Die Zeit ist aus den Fugen; Schmach und Gram,
Daß ich zur Welt, sie einzurichten, kam!

Ein Intellektueller und Träumer, der sich auf hohem moralischem Niveau in Bedenken, Widersprüchen und Nebenhandlungen verstrickt, statt rechtzeitig entschlossen einzugreifen, wo etwas faul ist im Staate Dänemark – bis er endlich mit dem Vatermörder, mit der Mutter, mit der Geliebten, deren Vater und Bruder untergeht und das Reich einem anderen anheimfällt, Fortinbras von Norwegen, der gewisse Rechte, Kampfgeist und wohl auch weniger Skrupel hat.

Die Konkurrenz kassiert ab.

Was fasziniert die Deutschen so an der »Hamlet«-Tragödie? Johann Wolfgang von Goethe hat (1796) seinen Wilhelm Meister, in gewisser Weise Goethes Alter ego, den »Hamlet« inszenieren lassen und erkannt, daß der Dänenprinz an seiner öffentlichen Aufgabe gescheitert war. Ferdinand Freiligrath kritisierte 1844 mit der poetisch-politischen Formel »Hamlet ist Deutschland – Deutschland ist Hamlet« ein Volk, das zaudert, den revolutionären Elan der Zeit tatkräftig aufzunehmen und sich eine liberale Verfassung zu schaffen. Die »Paulskirchen-

Demokratie« von 1848/49 scheiterte. Ohne äußere Fassung fester Grenzen und ohne freiheitliche Verfassung im Inneren wurde Deutschland zur »verspäteten Nation« (Helmuth Plessner), die aus gekränktem Selbstverständnis heraus – zugleich mit hohem moralischem Anspruch und mit roher Gewalt – sich zu verschaffen suchte, was vergleichbare Völker, vor allem Franzosen und Engländer, an selbstverständlicher Weltgeltung voraushatten.

Zeigen sich da im Stolpergang zu Vergeltung, eigener Identität und einer Veränderung der Weltordnung nicht tatsächlich Parallelen zwischen »Hamlet« und der Geschichte der Deutschen – bis hin zum großen Sterben in den Trümmern geborstener Reiche?

Werden da nicht auch Probleme deutlich, die von zögernden Bedenkenträgern – und Prinz Hamlet ist der Prototyp des Bedenkenträgers – ins Management jeder Organisation eingeschleppt werden, durchaus mit moralischen Motiven, aber zum Ruin des gesamten Betriebes?

Kann nur der Betrachtende, wie Goethe meinte, ein Gewissen haben, und ist der Handelnde immer gewissenlos? Mit solch einer Maxime käme doch keiner in der Welt zurecht – solange die Welt nicht stillsteht.

Neben den politisch-historischen Parallelen gibt es vermutlich zwei andere Gründe, warum Hamlet die Deutschen so fasziniert: weil er profund und perfektionistisch ist.

To be, or not to be: that is the question

Sein oder Nichtsein, das ist hier die Frage.

Das sind die vermutlich bekanntesten, meistzitierten Worte aus der Tragödie. Profunder geht es kaum: Sein oder Nichtsein! Es ist der Beginn von Hamlets großem Monolog.*

Da geht es auf Leben und Tod durch Selbstmord, um Entschlußkraft und Bedenken:

* Vgl. S. 172/173

Kollege H. im Entscheidungsprozeß

So macht Bedenken jeden von uns feige,
und des Entschlusses angebor'ne Farbe
wird von der Gedanken Blässe angekränkelt.

Kaum weniger profund wirkt Hamlets nicht so populärer Monolog (IV. Akt, 4. Szene) um menschliche Bestimmung, Ehre und Krieg. Er hat das Heer des Norwegers Fortinbras in Richtung Polen vorüberziehen sehen, möchte wissen, um was es geht, und erhält von einem Hauptmann Auskunft:

Wir wolln 'ne Handvoll Boden nur gewinnen,
Der keinen Vorteil bringt als nur den Namen.

Lohnt sich das? Rechnet sich das? Ein Streit, so wägt Hamlet, um einen Strohhalm?

O Krebsgeschwür von zuviel Ruh' und Reichtum,
Das innen platzt und zeigt nicht äuß're Ursach,
Weshalb ein Mensch verstirbt!

Der Zauderer fühlt sich vom Kriegszug angeklagt und zur Rache angespornt, die schon abgestumpft ist. Aber erst einmal wird grundsätzlich monologisiert:

What is a man …

Genauso heißt es einige Jahrhunderte später von Frank Sinatra in »My Way«:

What is a man, what has he got …

Aber anders als bei Sinatra wird Hamlets »man« allgemein nicht mit Mann, sondern mit Mensch übersetzt.

Was ist ein Mensch,
Wenn seiner Zeit Erlös, sein höchstes Gut
Nur Schlaf und Essen ist? Ein Vieh, nichts weiter.
Gewiß, der uns mit solcher Denkkraft schuf,
Zur Vor- und Rückschau, gab uns dies Vermögen
Und diese gottgleiche Vernunft nicht nur, daß
Sie ungenutzt in uns verschimmele. – Nun ob's
Viehisch Vergessen ist, ob irres Grübeln,
Das zu genau bedenkt den Ausgang – ein Gedanke, der,

Zerlegt man ihn, ein Viertel Weisheit nur
Und stets drei Viertel Feigheit hat – ich weiß nicht,
Weswegen ich noch weiter lebe und weiter sage:
»Dies gilt's zu tun!«
Da ich doch Anlaß, Willen, Kraft und Mittel habe,
Es zu tun.

Das Beispiel des fremden Heeres vor Augen, geführt von einem zarten Prinzen, der

unbekanntem Los Grimassen schneidet,

kommt Hamlet, wenn er wägt, was sich lohnt, zu dem Ergebnis:

Großsein heißt nicht, ohne großen Grund sich rühren,
Doch selbst um einen Strohhalm groß zu kämpfen,
Wenn Ehre auf dem Spiel steht.

Er hat den Brudermord am Vater noch immer nicht gesühnt.

Und beschämt
Seh ich den Tod von zwanzigtausend Mann nahen,
Die um ein gaukelnd Schattenbild von Ruhm
Ins Grab geh'n wie ins Bett; um ein Stück Boden,
Nicht groß genug, den Kampf drum drauf zu führen,
Nicht Grab genug, die drum Erschlagenen zu bergen.

Da fühlt Hamlet sich blutig angestachelt. Und zögert doch weiter. Denn noch stehen ja auch seine Betrachtungen zu Leben und Tod aus, auf dem Friedhof, im Gespräch mit seinem Freund Horatio und den gewitzten Totengräbern, den Totenkopf des einstmals königlichen Hofnarren Yorick in der Hand – die Pose, in der Hamlet oft plakatiert wird, dazu die Worte, die er bei dieser Gelegenheit nicht spricht: Sein oder Nichtsein …

Der Zweifel, Lust und Last jedes Intellektuellen, ist Hamlets maßgebender Charakterzug. Er ahnt, daß sein Onkel Claudius, nun sein Stiefvater und König, ein böses Spiel getrieben hat. Er glaubt, was der wandelnde Geist seines Vaters ihm anvertraut hat, denn

Es gibt mehr Dinge im Himmel und auf Erden
Als uns're Schulweisheit sich träumen läßt.

Brudermord! Gift, ins Ohr geträufelt, als der alte König Hamlet im Garten schlief; und die Königin, des jungen Hamlets Mutter, jetzt Onkel Claudius' Frau, irgendwie beim Verbrechen mit dabei. Alles klar. Rache! Aber da melden sich die Zweifel.

Der Geist, den ich sah, könnt auch
Der Teufel sein. – Der Teufel hat ja Macht
Anmutige Gestalten anzunehmen!

Wer alles so von Grund auf verstehen und vollziehen will, geht gründlich vor. Perfektionistisch. Nach dem scheinbar perfekten Mord – es hieß, es sei eine Giftschlange gewesen, und das wurde geglaubt – also eine wirklich perfekte Fahndung und Ahndung. Hamlet umnachtet sich mit dem Schein des Wahnsinns, um Wahrheit zu finden; und möglichst auch den Sinn von Leben und Treiben. Er läßt eine Schauspieltruppe ein Stück spielen, in dem ein König ermordet wird (im Garten, Gift ins Ohr) und der Mörder die Königswitwe heiratet: The Mouse-Trap.

Die Falle funktioniert. König Claudius, als er sieht, was gespielt wird, springt auf und geht. Hamlet hat es gesehen. Kein Zweifel mehr. Rache! Das Schwert gezückt. Er sieht den König knien.

Jetzt könnt' ich's tun, bequem …

Doch der König scheint zu beten. Nicht der rechte Moment, ihn zu erstechen – wo doch der eigene Vater ohne Chance zum letzten Gebet gemordet wurde. Perfektionist Hamlet steckt das Schwert wieder in die Scheide, er geht, die Mutter quälend zu beschimpfen – und als er dort endlich einmal zusticht, fällt nicht der König, sondern Oberkämmerer Polonius als Lauscher tot hinterm Wandteppich hervor.

Nach der Bluttat wird Hamlet vom König nach England expediert; mit seinen ungetreuen Jugendfreunden Rosencrantz und Guildenstern, die Hamlets Todesurteil in der Tasche haben. Zwar gelingt es Hamlet, diese Dokumente zu fälschen und zu vertauschen und die beiden statt seiner in den Tod zu schicken, sodann auf ein zufällig des Seewegs kommendes Piratenschiff zu entern und nach Dänemark zurückzukehren – aber dann fragt man sich doch langsam, wie vieler Zufälle es bedarf, um Hamlet und seine Rache wieder auf Kurs zu bringen.

Auch Hamlet dämmert es, als er Freund Horatio seine Abenteuer erzählt, daß perfektionistisches Planen nicht immer der beste Weg zum Erfolg ist:

Dank dem raschen Mut! denn wirklich, manchmal
Kommt unser Unbedacht uns dort zustatten,
Wo tiefer Plan mißglückt.

Doch wieder – zum schrecklichen Finale hin – wird Zauderer Hamlet erst von den Umständen geradezu zur Vollendung seines Rachewerks gezwungen. König Claudius, ein Mann schneller, meistens bösartiger Entschlüsse –

Das, was wir tun wollen,
Sollten wir gleich tun; sonst wird dies Sollen
Uns zu gönnerhaftem Seufzer, der schmerzt,
Wenn wir uns damit erleichtern,

– arrangiert einen Fechtkampf zwischen Hamlet und Laertes, der den Tod seines Vaters Polonius und seiner Schwester Ophelia rächen will, Hamlets Geliebter, die sich im Wahn ertränkt hat. Ein höchst unfaires Duell. Denn Laertes nimmt ein spitzes Rapier statt der Turnierwaffe, salbt die Spitze noch mit tödlichem Gift, und der König stellt vergifteten Wein für Hamlet bereit. Das kurze Tohuwabohu des Finales endet rundum tödlich. Hamlet und Laertes mit vergiftetem Rapier umgebracht, die Königin am Giftwein gestorben, der König erstochen und zweifach – mit Klinge und Wein – vergiftet.

The rest is silence
Der Rest ist Schweigen.

Doch – auf Bitte Hamlets – verzichtet Horatio darauf, sich auch umzubringen, und kann Fortinbras erzählen, was geschehen ist, als der Norweger kommt, die Leichen wegräumen läßt und Dänemark einkassiert.

Ein wahrhaft tragischer Ausgang.

Vor allem, wenn man bedenkt, wie beliebt Hamlet beim Volk war und wie das Volk sich vermutlich hinter Hamlet – wie hinter Laertes, als dieser racheschnaubend in den Königspalast einbrach – geschart hätte, wäre er gegen den bösen König angetreten; vielleicht gar, um eine Art konstitutioneller Monarchie zu gründen, für die Dänemark einige Jahrhunderte später berühmt wurde.

Hamlet ist eine große Rolle für jeden Schauspieler; besonders für einen wie den modernen Shakespeare-Heroen Kenneth Branagh, der in seiner vierstündigen kompletten Filminszenierung die Kameras besonders auf sich gerichtet halten läßt und es sich leisten kann, Legenden wie Sir John Gielgud und Sir Richard Attenborough in Minirollen auftreten zu lassen.

Der Kaufmann von Venedig
Wie eine Managerin es den Männern zeigt

»Der Kaufmann von Venedig« ist ein Stück unter Kaufleuten und für Kaufleute. Ein Stück für wagemutige Manager. Und für kluge Managerinnen. Wer noch nicht begriffen hat, wie geschickt eine kluge Frau alle Fäden von Gefühl, Geschäft und Gerichtsprozessen ziehen kann, während die Männer sich im Tagesmanagement abrackern und verhaspeln, der kann es von Portia aus dem idyllischen Belmont lernen. Es ist ein Lehrstück über den Einsatz von Risikokapital: was es bewirken kann und wie schrecklich die Risiken sind, wenn es leichtsinnig finanziert wird.

Manche Regisseure bringen das Stück im modernen Bankermilieu in Stahl und Glas auf die Bühne: Manager in Hemdsärmeln, mit PCs und Aktenköfferchen, dazu Börsengeschrei und Bistros. Aber meistens tritt die kaufmännische Seite in den Hintergrund. Die Aufmerksamkeit konzentriert sich auf den Juden Shylock. Er ist der Gegenspieler des »königlichen Kaufmanns« *(royal merchant)* Antonio. Besonders in Deutschland, nach dem Holocaust, ist immer die Frage: Das Stück spielen? Und wenn – wie gibt man den Shylock? Was ist *politically correct?* Da kommt man lange ins Grübeln; beispielsweise wenn der israelische Regisseur Hanan Snir zu Shakespeare-Tagen in Weimar als Rahmenhandlung das ehemalige nahegelegene Konzentrationslager Buchenwald auf die Bühne holt und das Stück in dieser Kulisse unter Gelächter und Geschieße der SS-Leute von jüdischen Häftlingen spielen läßt.

»Der Kaufmann von Venedig«, von vielen Zuschauern als Tragödie aufgefaßt, trotz der heiteren Szenen in Belmont und trotz des unblutigen Ausgangs, wurde zur Shakespeare-Zeit als Komödie geführt und steht weiterhin so zu Buche.

Shylock kann komisch wirken. Aber er zeigt keine heiteren Züge. Er ist zwiespältig angelegt: mitleiderregend, wenn er von christlichen Kaufleuten in Venedig ausgegrenzt, schikaniert und angespuckt wird; sympathieerweckend, wenn er die Gleichberechtigung der Menschen über Rassen- und Religionsschranken hinweg einklagt:

> *Hat nicht ein Jude Augen? Hat nicht ein Jude Hände, Gliedmaßen, Werkzeuge, Sinne, Neigungen, Leidenschaften? Mit derselben Speise genährt, mit denselben Waffen verletzt, denselben Krankheiten unterworfen, mit denselben Mitteln geheilt, gewärmt und gekältet, von eben dem Winter und Sommer, als ein Christ? Wenn Ihr uns stecht, bluten wir nicht? Wenn Ihr uns kitzelt, lachen wir nicht? Wenn Ihr uns vergiftet, sterben wir nicht?*

Aber die Sympathien schwinden schnell, wenn Shylock seine Klage nur auf Rache reimt; wenn er sich anschickt, das Pfund Fleisch, das der Kaufmann Antonio ihm in arrogantem Leichtsinn verpfändet hat, tatsächlich mit einem Messer aus dem Leib zu schneiden – dort, wo das Herz sitzt.

Das ist der Höhepunkt des Dramas.

Antonio ist reich. Aber er war im Moment nicht liquide, als sein guter Freund Bassanio, der unbemittelte Playboy aus gutem Hause, für seine prunkvolle Werbereise zu der schönen, klugen und reichen Portia – zwecks Heirat und finanzieller Sanierung – dringend dreitausend Dukaten brauchte. Risikokapital. Wer kann es aufbringen? Antonio lieh das Geld auf seinen guten Namen beim verachteten Shylock; auf drei Monate.

Auf Zins will Shylock diesmal verzichten – nur die Bürgschaft haben und seinen Spaß! Das wundert Antonio. Er nimmt es für eine Haltungsänderung des Juden. Sein Vorwurf gegen Shylock war immer, daß dieser Zins nahm, Antonio nicht. (Heute gibt es kaum noch christliche Banker wie Antonio, die zinslos leihen! Nur unter Moslems ist ein Wirtschaften ohne Zins aus religiösen Gründen noch üblich und hat zur Ausbildung spezieller

There is life after business

Unternehmensformen geführt, damit Geld und Geschäfte nicht stocken.)

Bassanios Quiz-Auftritt bei Portia verläuft erfolgreich. Drei Kästchen, Gold, Silber und Blei, sind in Belmont im Angebot. Welches birgt Portias Bild und das Hochzeitsglück? Bassanios Mitbewerber sind sämtlich gescheitert. Welches Kästchen, welches Metall, welchen Spruch soll Bassanio wählen?

Gold und »Wer mich erwählt, gewinnt was mancher Mann begehrt.« ? – Falsch.

Silber und »Wer mich erwählt, bekommt so viel als er verdient.« ? – Falsch.

Blei und »Wer mich erwählt, der gibt und wagt sein Alles dran.« ? – Richtig!

Bassanio hat es geschafft. Er ist glücklich.

Ich bin wie einer, der im Zweikampf ringt
Und glaubt, daß es im Aug des Volks gelingt,
Den Beifall hört, vom Jubel ganz umrauscht,
Trunkenen Sinnes, doch noch zweifelnd lauscht:
»Gilt dieses Lob, dies Glück denn wirklich mir?«

Ob ein solcher Eignungstest mit Metallen und Sprüchen heutzutage für Bewerbungen um Managementpositionen nützlich wäre, ist ebenso offen wie die unter Shakespeare-Experten seit langem diskutierte Frage, ob Portia den Ablauf etwas manipuliert und dem Mann, den sie haben wollte, einen Tip gegeben hat; vielleicht durch die Musik, die sie bei seinem Wahlgang einspielen ließ?

Playboy Bassanio hatte nichts – nur Schulden bei Antonio; er hat alles gewagt und gewonnen.

Kaufmann Antonio hatte viel – hat alles gewagt und alles verloren; alle Schiffe samt Ladung verschollen.

Nun steht Antonio vor Gericht. Bassanio eilt zu Hilfe. Aber außer einem Beutel Geld von Portia hat er nichts zu bieten.

Shylock darf sein Messer wetzen. Das Drama nähert sich dem Höhepunkt. IV. Akt, 1. Szene. Als der Regisseur David Thacker Anfang der neunziger Jahre das Stück in Stratford inszenierte, ließ er Shylock, den *businessman*, mit seinem Aktenköfferchen vor Gericht erscheinen. Das klappte er auf – und nahm seine Mordmesser heraus.

Business not quite as usual.

Bei David Thacker in Stratford und bei Peter Zadek in Wien war Shylock in die *business community* integriert. Sein Bruch mit der Gesellschaft wurde weniger mit religiösen oder rassischen Motiven als vielmehr mit der Wut auf christliche Jungmanager erklärt, die seine Tochter Jessica aus seinem Haus locken; samt beträchtlichen Vermögenswerten – um die Shylock mindestens ebenso trauert wie um seine Tochter.

So oder so – Antonio muß seine Brust entblößen. Shylock prüft die Schärfe seiner Klinge. Da, im letzten Moment, kommen die kluge Portia und ihre Dienerin Narissa – verkleidet als junger Einser-Jurist, Rechtsanwalt Balthasar, und sein Schreiber. Nun wird das ethische Dreieck aufgebaut: Geld, Gerechtigkeit, Gnade. Was wird triumphieren?

Geld will Shylock nicht. Selbst nicht die dreimal dreitausend Dukaten, die man ihm bietet. Die Frist ist abgelaufen, der Schuldschein verfallen, das Pfund Fleisch überfällig. Er will Gerechtigkeit, formal und haarklein ausbuchstabiert.

Gerechtigkeit muß herrschen, ist aber schwer zu definieren. Menschen haben oft unterschiedliche Vorstellungen, was gerecht ist. Shylock beruft sich auf Recht und Gesetz von Venedig; denn es würde der Republik schlecht bekommen, wenn ihre Gesetze zerbröckelten und sich das in der *international business community* herumspräche.

Daß Antonios Schuldschein verfallen ist, steht außer Zweifel. Shylock klammert sich an dieses Dokument: »I stay here on my bond.« Die deutsche Übersetzung birgt noch einen interessanten Doppelsinn: »Ich steh' hier auf meinem Schein.«

Der Doge von Venedig als Richter und Portia als verkleideter Rechtsgelehrter erkennen Shylocks Recht an:

Ein Pfund von dieses Kaufmanns Fleisch ist dein.

Soll Shylock nun nicht Gnade gewähren, wenn ihm sein Recht in dieser Weise zugesprochen wird? Aber er ist im Wort. Und für Juden, das »Volk des Buches«, hat ein Wort besonderes Gewicht; wie im Alten Testament. »Ein Schwur, ein Schwur! Ich hab den Schwur im Himmel!« ruft Shylock. Von Gnade stehe nichts im Schuldschein. Wer soll Shylock zur Gnade zwingen? Jetzt hält Portia ihre Rede über die Gnade* – ein Juwel in Shakespeares Dichtung –, die doppelt segne: den, der gibt, und den, der nimmt. Die Gnade stehe über der Macht des Zepters, sie habe ihren Thron im Herzen der Könige, in ihr wohne Gottes Wesen: »Dann nur zeigt irdische Macht sich Gott am ähnlichsten, wenn Gnade tritt zum Recht.« Ginge es nur nach Recht, dann würde niemand Erlösung finden: »Darum beten wir um Gnade, und dies Gebet muß uns auch alle lehren, Gnade zu üben.«

Die wunderbare Rede verfehlt ihre Wirkung auf Shylock. Aber Portia sorgt nun dafür, daß Shylock Gerechtigkeit widerfährt: formal korrekt, von ihr haarklein ausbuchstabiert – aber völlig anders, als er es sich vorstellte.

Erstens darf er gemäß Schuldschein nur präzise »ein Pfund Fleisch abschneiden«, darf dabei keinen Tropfen Blut vergießen, und wenn die schreckliche Waage, die er mit ins Gericht gebracht hat, sich nur um Haaresbreite über das Pfund hinaus neigt, verfällt kraft venezianischem Gesetz sein Besitz dem Staat. (Mit dieser Auskunft erledigt sich auch die alltägliche Fleischerfrage, die Zynikern auf die Zunge kommt, wenn Shylock sein Pfund abschneiden will: »Darf es auch etwas mehr sein?«)

Zweitens hat Antonio, weil Shylock nicht nur nach dem Pfund Fleisch, sondern ihm so offensichtlich nach dem Leben trachtete – ein Mordversuch an einem Christen –, Anspruch auf Shylocks halbe Habe; der Doge muß entscheiden, ob Shylock dies sogar mit seinem eigenen Leben büßt. »Drum nieder, bitt' um Gnade bei dem Dogen!« Man läßt Shylock sein Leben. Er hat einen großen Teil seines Vermögens verloren und sich verpflichtet,

* Vgl. S. 170/171

Christ zu werden und den Mann wohl auszustatten, der ihm die Tochter entführt hat.

Shylock ist völlig gebrochen. Ihm ist alles recht. Er hat nur noch eine Bitte: heimgehen dürfen; denn: »Mir ist nicht gut.« Das kann man verstehen, und fast möchten wieder Sympathien für Shylock erwachen, dem nicht nur die Rache mißglückt ist, sondern dem bei diesem miserablen Geschäft auch noch ein anderer Glaube aufgezwungen wurde.

Wer kann da noch meinen, Wirtschaft sei langweilig? Wer möchte da noch sagen, Recht und Gesetze seien staubtrocken? Wenn beides zusammenkommt, zu Wirtschaftsrecht und zu Wirtschaftsprozessen, kann es hochdramatisch hergehen! Nicht nur, wenn in den USA bei Schadensersatzprozessen um Milliarden gepokert wird oder wenn General Motors und VW aufeinanderprallen. Schon im Paradies herrschte Wirtschaftsrecht und wirkte sich dramatisch aus – denn Adam und Eva wurden für ihren Apfeldiebstahl mit einem schlimmen Bannfluch belegt. Vermutlich sind sie ähnlich unwohl weggetrottelt wie Shylock nach seinem verlorenen Prozeß gegen Antonio.

Was soll nun mit Antonio und Shylock werden?

Shakespeare läßt sein Stück kippen – damit das Publikum entspannt und fröhlich heimgehen kann. Auf die dramatische, fast blutige Gerichtsszene folgt eine heitere Komödie in Belmont, dem ästhetischen Gegenpol zum kommerziellen Venedig. Portia und Narissa necken ihre Lover Bassanio und Graziano mit den Ringen, die sie ihnen als Anwalt und Schreiber anstelle eines Honorars abgeschmeichelt haben, damit diese begreifen, daß Versprechen an Ehefrauen nicht leichter wiegen als solche unter Männerfreunden. Und Shakespeare schüttelt seine Wundertüte aus, damit alle glücklich werden. Jessica und ihr Lorenzo bekommen Shylocks reiche Schenkungsurkunde. Für den Kaufmann Antonio zaubert Portia einen Brief hervor, daß seine verschollenen Schiffe plötzlich putzmunter und mit reicher Ladung eingelaufen sind. Der Morgen graut. Die drei Paare ziehen sich ins Haus zurück: nachholen, was sie in der turbulenten Nacht versäumten.

Happy-End.

Aber nicht für alle. Antonio hat seine Schiffe wieder, aber er hat Bassanio verloren. Er steht recht einsam in Belmont herum. Die Regisseure des »Kaufmanns von Venedig« wissen oft nicht recht, wann und wohin sie ihn von der Bühne verschwinden lassen sollen. Wenn ihm sogar noch Shylock zugesellt wird, stehen zwei Kaufleute, zwei Kontrahenten, wie verloren im schönen Belmont. Das ist nicht ihre Welt. Keine Geschäfte. Alles – wie man spöttisch sagt – Friede, Freundschaft, Eierkuchen. Keine PCs. Keine Handys. Kein Streß. Nicht ihre Welt.

Vorhang!

Vorhang zu – und für die Nachdenklichen im Publikum, für sensible Manager und Managerinnen, sind viele Fragen offen. Aktuelle Fragen. Vor allem wohl: Wie bringt man in unserer gesellschaftlichen Realität fürs zweite Jahrtausend so etwas wie Venedig und Belmont in die Balance, *work place* und *fun place,* ernste Arbeit und fröhliche Spiele? Ist stressige Arbeit immer noch Männersache, heitere Unterhaltung eine Sache der Frauen und des femininen Managements wie in Shakespeares Stück? Soll die Zukunft wagemutigen Schönlingen mit beschränktem Vermögen und Verstand gehören, solchen wie Bassanio?

Viele Fragen. Vieles zum Nachdenken. Vielleicht hilft fürs erste der Rat des Shakespeare-Fans Goethe aus seinem »Schatzgräber«, um einen Rhythmus zu finden: »Tages Arbeit, abends Gäste, saure Wochen, frohe Feste …«

König Lear
Ohne Macht keine Privilegien

Wer ein Unternehmen kraft seiner Persönlichkeit lange erfolgreich geführt hat, einen Kleinbetrieb, einen Konzern oder ein Königreich, muß sich irgendwann zwei Fragen stellen: Wer kommt nach mir? Und was wird dann aus mir?

Man sagt, wer einen Nachfolger sucht, werde von zwei widersprüchlichen Wünschen hin- und hergerissen: einerseits, alles in die fähigsten Hände zu legen – um dann selbst mit dem Werk wie als Denkmal zu überleben; andererseits, daß alles als eine Art Grabgabe mit dem eigenen Abgang untergeht – zum Beweis einer Einmaligkeit, die keine Nachfolge duldet.

Es gibt kaum Zweifel, daß in unserer Zeit bei Adolf Hitler der zweite Wunsch völlig überwog. Obwohl er formell einen Nachfolger bestimmte, bevor er Selbstmord beging, hatte er die Vorstellung, das deutsche Volk, das sich für seine Projektionen als zu schwach erwiesen habe, solle mit ihm untergehen.

Hat die Widersprüchlichkeit der beiden Wünsche dazu beigetragen, daß der sagenhafte britische König Lear seine Erbfolge in einem Akt jähzorniger Autorität regelt? Im Wettbewerb einer theatralischen Liebesprobe:

Sagt mir, meine Töchter,
welche von euch liebt uns nun wohl am meisten?

Die Marotte eines machtvollen, in seiner Machtarroganz versperrten Herrschers, eines Königs, eines Topmanagers?

Mehr als das: der erste, schon wacklige Schritt in eine Tragödie des Wahnsinns, der bei Shakespeare in den Weisheiten von Lears Narr gespiegelt und schließlich im Wüten der Elemente nach außen gekehrt wird – als ob ein Maler wie Francis Bacon, trunken den Pinsel führend, einen Menschen zu neuer Kenntlichkeit auswringen wollte, bis Wahn und Leben demütig erlöschen.

Lear hatte die Erbteilung lange aufgeschoben. Er ist schon über achtzig. Höchste Zeit. *Late-life crisis.* Den Lebensabend genießen! Sorgen und Mühen des Managements abschütteln. Keine Verantwortung mehr. Nur noch Hobbys. Zur Jagd reiten, in fröhlicher Kumpanei von hundert Rittern. Macht und Land, Geld und Geschäfte für die Erben. Nur noch Rang, Titel, Privilegien und ständiges Wohnrecht bei den Erben, auch für die hundert Ritter.

Nichts wird vertraglich geregelt, nur mündlich angeordnet, für die Töchter Regan und Goneril als Siegerinnen des Schmeichelwettbewerbs. Kann so etwas funktionieren? Ohne Garantien, ohne verbrieftes Altenteil? Nicht einmal ein Beratervertrag, um Einfluß zu behalten! Nur im Vertrauen auf die eigene Menschenkenntnis und die Erwartung ewiger Dankbarkeit der Erben? Das kann nicht gutgehen. Wer Privilegien wahren will, braucht bessere Sicherungen. Wer seine Macht aufgibt wie Lear und sich anderen völlig anheimgibt, gibt sich Illusionen hin.

Er ist von Sinnen!

Ein treuer Berater, der Graf von Kent, sagt es dem Herrscher: »Laßt Kent unhöflich sein, wenn Lear von Sinnen ist.« Kent kritisiert noch nicht einmal, daß Lear seine Macht abgibt oder wie er es tut: in einem einsamen, jähzornigen Beschluß. Er kritisiert, in wessen Hände Lear die Macht, sich selbst, seinen gewohnten Lebensstandard und seine Selbstachtung, die darauf beruht, nun gibt: in die Hände seiner zwei älteren Töchter und ihrer Männer; weil die Töchter Regan und Goneril im Wettkampf um den gefälligsten Beweis ihrer Liebe mit Schmeicheleien gesiegt haben, während die jüngste Tochter, Cordelia, schüchtern um Wahrheit bemüht und von diesem Wettbewerb um Liebe und Land offensichtlich peinlich berührt, sich so verstockt, daß Lear sie zu Kents Entsetzen enterbt und verbannt. Auch Kent trifft der Bannfluch, weil er die Warnung des Herrschers mißachtet:

Viel Ärger mit Tochterunternehmen

Still, Kent! Stell dich nicht
dem Drachen in den Weg zu seinem Zorn!

Das kennt man. Das hat es immer gegeben. Das gibt es heute noch, überall im Topmanagement. Wenn die Weisheit von Beschlüssen bezweifelt wird, wenn Eitelkeit verletzt ist, wenn Zorn hochkocht – dann kann es zu Bannflüchen kommen: Versetzung in den Außendienst, auf einen schwierigen Auslandsposten – oder die Kündigung. Die Schmeichler, die »Yes«-Männer und – wie hier – »Yes«-Frauen, drängeln sich vor und dringen durch. Wer damit nicht konkurrieren will oder kann, wem »die ölig-glatte Kunst zu sagen, was ich gar nicht meine«, nicht geläufig ist, der hat plötzlich ausgespielt. Keiner hört hin, wenn jemand schüchtern murmelt:

My love's more ponderous than my tongue.

Meine Liebe wiegt schwerer als meine Zunge.

Auch der Manager, der immer gesagt hat, er wolle keine »Yes«-Leute um sich haben, wird oft schnell schwach.

Yes, o yes!

Nicht selten werden nach langem Zögern große Entscheidungen übers Knie gebrochen. In wenigen Augenblicken ist alles entschieden. Jetzt sind die Lebensfäden von Menschen, die sich schrecklich verwirren werden, ausgeworfen. Eine Unsternstunde. Eine von Shakespeare gekonnt inszenierte Ausgangslage. Moral und bare Nutzanwendung für jedermann, besonders für Manager: Niemals mangelndes Machtverständnis und mangelnde Menschenkenntnis für eine emotionale Hauruck-Entscheidung – aus dem Bauch, wie man heute sagt, aus einem Bauch voller Zorn – zusammenschirren! Sonst gibt es auf dem Weg ins Unglück kein Halten.

Zu spät merkt Lear, was ihm – wie vielen Herrschern und Managern – fehlt: Geduld! Dann klagt er: »Für wahre Not, gebt Götter, mir Geduld, Geduld tut not.« Dann verspricht er: »Ich will der Inbegriff aller Geduld sein, und nichts mehr sagen.« Das ist guter Rat für jedermann. Besonders für vielbeschäftigte Manager in Wirtschaft,

Politik, Kultur und Sport. Denn unter diesen Managern hat es sich herausgebildet, auf die Frage nach eigenen Fehlern und Untugenden (z. B. für den Langlauf-Fragebogen im »FAZ-Magazin«) zu antworten: »Ungeduld«. Das gilt als schick. Aber Ungeduld kann viel zerstören. Lear lernt und lehrt: Das Leben ist ein Geduldsspiel!

Lear erfährt schnell, wie Privilegien verfallen und der gewohnte Lebensstandard einbricht, wenn die Macht verschleudert ist. Tochter Goneril will seine hundert Ritter nicht aufnehmen; höchstens fünfzig. Regan nur noch fünfundzwanzig. So wird Lear hin- und hergeschickt – bis beide Töchter ihm erklären, daß er in ihren Häusern keinen einzigen Dienstmann brauche, das heißt mitbringen dürfe.

Ein Topmanager, wenn ohne Macht
wird in diesem (und in jedem) Fall
wie ein Pingpongball
ganz schnell auf Null gebracht.

Alle Verwünschungen, die König Lear gegen die untreuen Erben schleudert, verpuffen. Eine dramatische Gerichtsverhandlung, die er inszeniert, wird zur Posse und zeigt seinen völligen Realitätsverlust. Er hat keine Macht und keine Rechtsansprüche mehr, um etwas zu bewegen.

Welche Klüfte immer wieder zwischen Wort und Tat: erst der Reinfall auf Schmeichelworte, hinter denen intrigante Strategien lauerten, dann kraftlose Verwünschungen, denen keine Taten folgen können. Und fluchen können diese Kerle, Kent besonders; als ihm ein Schleimer querkommt, will er »den Schuft zu Mörtel stampfen und die Abortwände mit ihm streichen«.

Es trifft nicht nur den König, den Topmanager. Um zu zeigen, wie zerbrechlich jede Hierarchie ist und daß ein Mangel an Machtverständnis und an Menschenkenntnis sozusagen auch im *middle management* fatale Folgen haben kann, bringt Shakespeare den Grafen Gloucester und seine beiden Söhne auf die Bühne: den guten, vertrauensseligen Sohn Edgar und den ehrgeizig-intriganten

Bastard Edmund. Edgar, von Edmund um die Gunst des Vaters betrogen und aus dem Haus getrieben, geht nackt und bloß als »Poor Tom« in einen Härtetest auf die Heide – so von allem abgeschnitten, daß Lear erkennt: »Du bist das Ding an sich!« Edgar täuscht Wahnsinn vor, um zu überleben; ein *survival training* der besonderen Art. Inzwischen steigt Edmund die soziale Leiter hoch und bei den beiden älteren Lear-Töchtern als Lover ein. Vater Gloucester wirkt wie verblendet in diesem Intrigenspiel. Erst als Blinder, brutal seines Augenlichts beraubt, gewinnt er neue Einsicht und findet wieder mit Edgar zusammen.

Auf den weißen Klippen von Dover inszeniert Shakespeare ein phantastisches Stück schwarzen Humors: Edgar, der vom blinden Gloucester nicht als Sohn erkannt wird, führt seinen Vater am Strick zu der Klippe, von der dieser in den Tod springen will. Er läßt ihn springen – aber nur auf flachem Stein, so daß Gloucester stolpert wie ein Clown im Zirkus; dann täuscht Edgar vor, er sei ein armer Bauer und habe Gloucester – wie durch ein Wunder lebend – am Fuß der Klippe aufgefunden.

»Das macht die böse Zeit, daß Narren Blinde führen«, sagt Gloucester, als er sich dem »armen Tom« als Führer nach Dover anvertraut. Als er nach der virtuellen Realität seines Klippensprungs und einer Begegnung mit Lear – der eine blind, der andere wahnsinnig – resigniert (»Nicht weiter, Freund! Ein Mann kann hier verfaulen«), läßt Edgar das nicht gelten:

> *Men must endure their going hence, even as their coming hither: Ripeness is all. Come on.*

Das wird oft zitiert und gilt als zentrale Moral dieses Dramas um Dulden und Geduld:

> *Dulden muß der Mensch*
> *Sein Scheiden aus der Welt, wie seine Ankunft:*
> *Reif sein ist alles. Kommt!*

So die Übersetzung von Baudissin; oder von Fried:

Dulden muß der Mensch
Bis seine Zeit kommt. Kommen oder gehen:
Reif sein ist alles. Kommt!

Das kann als Erfolgsmotto für Edgar gelten. Er hat den Härtetest bestanden: die Intrigen des Bruders, die Ausgrenzung aus dem Vaterhaus, die Reduktion auf nackte Existenz in feindlicher Natur auch als psychisches Überlebenstraining, die Begegnung mit schier unfaßbarem Leid des Vaters und des Königs als emotionales Streckbett, den virtuellen Vatermord an den Klippen von Dover mit versöhntem Wiederfinden, schließlich das Duell mit dem bösen Bastard Edmund, den er niederstreckt. Und fluchen kann er auch, auf Edmund, den »most toad-spotted traitor«, den »krötenscheckigen Verräter«.

Was bleibt einem machtlosen, verratenen König und seiner besiegten Tochter, wenn sie in den Kerker gehen? »Beten und singen, Märchen uns erzählen und über goldene Schmetterlinge lachen.« Auch dafür ist es zu spät in diesem Endspiel der Hoffnungslosigkeit.

Als Edmund und der alte Gloucester tot sind, auch Lears Töchter, auch der König und sein Narr, als Edgar, der neue Herzog von Gloucester, des Landes Leid heilen soll, spricht er zu Kent, der sich anschickt, seinem König in den Tod zu folgen, das Schlußwort:

The weight of this sad time we must obey;
Speak what we feel, not what we ought to say.
The oldest hath borne most: we that are young
Shall never see so much, nor live so long.

Eins schulden wir der Zeit, die uns verstört:
Sagt, was ihr fühlt; nicht das, was sich gehört.
Leid drückt; – doch soviel sehn und leiden kann
Keiner von uns, wie dieser alte Mann.

Ein Trost? Ist der Kelch des Leides auf Generationen bis zur Neige ausgeschöpft? Kann nach so wirren Stürmen ein neuer Herrscher eine »Gnade der späten Geburt« für sich in Anspruch nehmen, nachdem er sich über menschliches Maß gehärtet hat, ohne zu verhärten?

Immer wieder, vor allem in den historischen Dramen, zeigt Shakespeare den großen Mechanismus der Geschichte: Aufstieg und Fall der Könige, wie auf dem *wheel of fortune,* dem Glücks- und Schicksalsrad. Wie Täter zu Opfern werden und Opfer zu Tätern. Selten wird der Absturz in Leid und Wahnsinn so eindringlich Stufe um Stufe vorgeführt wie im Fall von König Lear. Und auch dann steht einer bereit, neu aufs Rad des Schicksals zu steigen.

Gibt es ein »Ende der Geschichte«, wie es in unserer Zeit diskutiert wurde? Kaum. Und keinesfalls bei Shakespeare. Er sorgte dafür, daß die Geschichte weiterging.

The show must go on.

König Heinrich V.
Wie der Chef zum Erfolg motiviert

Die Briten haben in ihrer Geschichte viele Schlachten geschlagen. Und auch oft gesiegt, als imperiale Macht in vielen Regionen der Erde. Aber was an Kriegsgeschehen als besonders ehrenvoll und fest im Gedächtnis der Nation haftet, Agincourt, Waterloo und Dünkirchen – drei Orte im französisch/belgischen Küstengebiet –, nimmt sich – aus kontinentaler Sicht – etwas merkwürdig (im Sinne von seltsam) aus.

Die Schlacht von Agincourt 1415, in der sich eine weit überlegene französische Streitmacht weitgehend selbst besiegte, war nur eine Episode im Hundertjährigen Krieg zwischen England und Frankreich: das Rückzugsgefecht König Heinrichs V. und seiner glücklosen Expeditionstruppe. Aber Shakespeare hat Agincourt als ein Feuer verherrlicht, in dem aus Adel und niederem Volk, aus Engländern, Walisern und Schotten eine Nation geschmiedet wurde, eine neue Elite glücklich verbrüderter Briten, gemäß des Königs Ruf:

We few, we happy few, we band of brothers …

Die Schlacht von Waterloo, vierhundert Jahre später, 1815, brachte einen entscheidenden Sieg britischer und preußischer Truppen über Napoleon; sie war weltpolitisch von weit größerem Gewicht als Agincourt, aber insofern kein eindeutiges Ruhmesblatt, als es kein rein britischer Sieg war. Im deutschen Geschichtsunterricht klingt es nicht selten so, als habe Marschall Blücher den Briten eine verlorene Schlacht gerettet, während deren Befehlshaber Wellington verzweifelt rief: »Ich wollte, es wäre Nacht oder die Preußen kämen!« Im britischen Geschichtsunterricht stellt es sich allerdings eher so dar, als habe Wellington die Schlacht schon gewonnen gehabt, als Blücher kam.

Dünkirchen schließlich sah im Juni 1940 wieder den Rückzug einer glücklosen britischen Expeditionstruppe aus Frankreich. Der deutsche Panzervormarsch hatte die alliierte Front gespalten. Die Niederlage Frankreichs war nicht aufzuhalten. Die Briten flüchteten in Schiffen und Fischerbooten über den Kanal. Sie verloren einen großen Teil ihrer Ausrüstung. Aber ihr Kriegspremier Winston Churchill stilisierte das Unternehmen zu »our finest hour«.

Die gelungene Flucht zu einer großen Stunde Englands umzufirmieren, zeigt enormes psychologisches Feingefühl. Die Kampfmoral war gerettet. Eine tatsächlich große Stunde der britischen Kriegsgeschichte folgte: der Sieg 1940/41 in der »Battle of Britain«, der Luftschlacht über der Insel, gegen eine zunächst überlegene deutsche Luftflotte – mit neuer Waffentechnik (Radar) und tollkühner Tapferkeit junger Jagdflieger. Da schloß sich ein Ring: Die Piloten fühlten sich als

We few, we happy few, we band of brothers …

Um die mentale Verbindung zu Agincourt zu unterstreichen, wurde 1944 mit Laurence Olivier in der Titelrolle »Henry V« gedreht; ein Film zur Stärkung der Kampfmoral für den Endsieg.

Agincourt wurde zum Markstein der britischen Geschichte. Aber wie kam Heinrich V. nach Agincourt? Shakespeare erzählt in »Heinrich IV. – Erster und Zweiter Teil« die Vorgeschichte: die Jungenstreiche des damaligen Prinzen von Wales. Der läßt sich mit dem dicken Ritter Sir John Falstaff und seiner Bande von Tage- und Taschendieben ein (was seine Lebenserfahrung und Menschenkenntnis enorm erweitert). Er nimmt seinem Vater Heinrich IV., als dieser im Sterben liegt, voreilig die Krone fort und erprobt kurz deren Lust und Last. Er versöhnt sich mit dem Vater. Nach dessen Tod und der eigenen Krönung eine völlige Wandlung, wie auf einer Drehbühne: Eben war er noch Kumpan der Falstaff-Bande beim Saufen und Raufen, polizeilich verfolgt. Jetzt, für das neue Stück, ist er ganz Majestät. In einem großen

Voll motiviert für Agincourt und Aktienhandel

Dialog über Recht, Gesetz und die Stellung des Monarchen versöhnt sich der König mit dem Oberrichter, der ihn verfolgen ließ, und beugt – ein bedeutender historischer Moment – den königlichen Nacken unter das Gesetz, das der Oberrichter wahrt:

Hier meine Hand,
Ihr sollt ein Vater meiner Jugend sein;
Was Ihr mir einsprecht, soll mein Mund verkünden,
Und in Demut beug' ich meinen Willen
Eu'ren wohlerprobten, weisen Direktiven.

Falstaff, der sich als sein alter Spießgeselle fest in der Gunst des neuen Königs glaubt und sich neue Titel und Würden erwartet, vielleicht gar ein Herzogtum, erlebt am Krönungsweg, als er dem neuen Herrscher zujubelt, die Enttäuschung seines Lebens. Der König sagt von oben herab:

I know thee not, old man: fall to thy prayers:
How ill white hairs become a fool and jester!

Ich kenn' dich nicht, Alter: Knie nieder, bete!
Wie schlecht steht einem Narren weißes Haar!

Das bricht das Herz des dicken Ritters, der so sensibel wie schwerfällig ist, der immer so voller lustiger und böser Streiche steckte, voller Wein und einfallsreicher Zitate.

Gleich zu Beginn von »Heinrich V.« läßt Shakespeare dann Falstaff, seine prächtige Phantasiegestalt, für die (oder für Königin Elisabeth I., die den Fettwanst verliebt sehen wollte) er »Die lustigen Weiber von Windsor« schrieb, wie beiläufig sterben. Seine Gesellen, Pistol, Bardolph, die ganze Bande, verlieren sich mehr schlecht als recht im Kriegszug gegen Frankreich.

Für Heinrich V. sind diese »Freunde von gestern« erledigt; wie heute für manchen Prominenten in Politik, Wirtschaft und Gesellschaft seine Weggefährten, wenn er es zu einem Spitzenjob gebracht hat. Wer sich in neue Würde kleidet, möchte nicht an Jugendsünden erinnert werden – weder durch alte Spielgefährten noch durch neue Anspielungen. Wer es dennoch tut, rührt an kaum verheilte Wunden.

Kein Wunder, daß Heinrich V. zornig wird, als – kaum haben ihn seine Berater von seinen Ansprüchen in Frankreich überzeugt – der Dauphin von Frankreich ihm durch Gesandte ein Geschenk überreichen läßt: Tennisbälle; damit könne er ja spielen. Die Episode – nicht die einzige, in der Shakespeare Tennis erwähnt – beweist, daß auf den Britischen Inseln, wo auch das moderne Tennis eingeführt wurde und wo der »heilige Rasen« von Wimbledon wächst, Tennis schon um 1600 ein bekannter Sport war.

Und welcher Tennis-Fan würde nicht gern einen heimtückisch angeschnittenen Aufschlag so zurückschmettern, daß dem Gegner Hören und Sehen vergeht, wie der König es den Franzosen ansagt:

Wir freun uns, daß der Dauphin mit uns scherzt;
Habt Dank für sein Geschenk und Eure Mühe:
Wenn wir erst uns're Schläger diesen Bällen
Angepaßt, dann wollen wir, Gott sei uns gnädig,
Ihm in Frankreich einen Satz aufspielen,
Der die Krone seines Vaters wackeln läßt.

So zieht der König mit rund zehntausend Mann in den Krieg, macht noch mit Verrätern im eigenen Lager kurzen Prozeß, setzt mit großen Mühen und nach langem Warten auf richtigen Wind über den Kanal, landet in der Gegend des heutigen Le Havre, erobert Harfleur, zieht weiter – und wie manchem Tennisspieler geht den Briten nach leichtem ersten Satz die Puste aus. Schlechtes Wetter, Märsche im Morast, Mangel an Nahrung trüben die Stimmung. Krankheit rafft ein Drittel des Heeres hin. Der König befiehlt den Rückmarsch Richtung Calais. Aber die Franzosen, die inzwischen eine starke Armee ins Feld geführt haben, verlegen ihm mit überlegener Streitmacht den Weg – in der Nähe eines Schlosses, dessen Namen der König vom französischen Herold erfragt: Agincourt.

So kamen Heinrich und das Heer nach Agincourt. Und wie konnte Heinrich mit seinem – laut Shakespeare sechs zu eins – unterlegenen, ausgemergelten Heer die Schlacht von Agincourt gewinnen? Mit Glück – aber auch mit kluger Strategie, die Shakespeare entwickelt und von der noch heute jeder Manager lernen kann, der in eine Auseinandersetzung mit einem überlegenen Gegner geht.

Bis zu einem gewissen Grad war die Schlacht, noch bevor sie begann, durch die territorialen und mentalen Positionen der Gegner entschieden. Die Briten haben eine günstige Verteidigungsstellung eingenommen, die Flanken durch Wälder gedeckt. Die Franzosen sind überzeugt, daß sie den Gegner mit einer einzigen Reiterattacke besiegen und vom Schlachtfeld fegen können. In der Nacht vor der Schlacht schwelgen sie im Hochmut ihrer prächtigen Rüstungen und wunderbaren Pferde; am liebsten würden sie den Briten noch Heu für deren Pferde schicken, damit der Kampf sich einigermaßen lohnt.

Sicheren Sinns und stolz auf ihre Zahl
Würfeln voller Übermut schon die Franzosen
Um die geringgeschätzten Engländer …

Was kann ein Feldherr oder Manager tun, der weiß, daß er dem Gegner weit unterlegen ist? Entweder sich aufblähen wie ein Ochsenfrosch und durch viel Bewegung den Eindruck erwecken, er sei doch schlagkräftiger als vermutet; oder sich noch schwächer darstellen, als er wirklich ist, um beim Gegner Hochmut zu schüren und ihn zu Unüberlegtheiten zu verleiten. Heinrich wählt den zweiten Weg. Er trägt dem französischen Herold auf:

Sag Deinem König, ich such' ihn jetzt nicht auf
Und möchte lieber nach Calais marschieren
Ohne ein Hindernis, denn, wahr zu reden,
Wenn's auch nicht klug ist, soviel einem Feind,
Der schlau ist und im Vorteil, zu gestehen,
Mein Kriegsvolk ist von Krankheit sehr geschwächt,
An Zahl verringert …

Die Summe unsrer Antwort ist nur dies:
So wie wir sind, suchen wir keinen Kampf,
Doch woll'n wir ihn, wie wir sind, auch nicht fliehen.

Die psychologische Finte funktioniert, wie sich im bedenkenlosen, fatalen Reiterangriff der Franzosen bei Beginn der Schlacht erweist. Aber die Finte genügt nicht zum Sieg. Dazu bedarf es – hier und anderswo – einer überlegenen Kombination von Geist und Material, präziser: von Kampfgeist und speziellen Waffen.

Mit den Waffen, wichtige Trümpfe in der Hand der Briten, gibt Shakespeare sich kaum ab: mit den berühmten Langbögen, in Wales entwickelt, etwa 1,80 Meter hoch, mit denen erfahrene Bogenschützen ein Dutzend Pfeile pro Minute über zweihundertfünfzig Meter weit schießen konnten; mit der Armbrust, die von den Franzosen bevorzugt wurde, kam man – bei größerer Durchschlagskraft – nur auf zwei Geschosse pro Minute.

Shakespeare führt vor, wie der andere Trumpf entwickelt und ausgespielt wird: die Kampfmoral. Erst sucht der König – wie jeder Manager, der sich Gedanken macht – inkognito im Gespräch mit Soldaten und in Monologen sich klarzuwerden, was er von seinen Leuten verlangen kann und warum. Die Quintessenz: Es geht ihm nicht um Prunk und Pracht, denn die Verantwortung, die sie umhüllen, schafft ihm schlaflose Stunden. Es geht um die Friedensordnung für seine Untertanen:

Der Knecht hat Anteil an des Landes Frieden,
Genießt ihn; und sein grobes Hirn weiß kaum, wie
Der König wacht, den Frieden zu erhalten,
Dessen Stunden am besten Bauern frommen.

Das gibt es noch heute, im Jargon der Vereinten Nationen: militärische Expeditionen als »friedenserhaltende Maßnahmen«. Ob König Heinrichs Expedition sich in diese – heutige – Kategorie einordnen ließe, ist höchst zweifelhaft. Aber ihm konnte sein Diktum damals genügen. Er ruft den Gott der Schlachten an, die Herzen seiner Krieger zu stählen. Als Graf Westmoreland meint, man möchte sich zehntausend Mann herwünschen, die daheim in England müßig sind, setzt der König die Kraft seiner Rhetorik ein, um aus quantitativer Schwäche qualitative Stärke zu destillieren.

Nein, Vetter! Wünsch nicht einen Mann aus England!
Bei Gott, ich möcht' nicht soviel Ruhm verlieren,
Als selbst ein einziger Mann von meinem Teil nähm, –
Um keiner Hoffnung willen! Keinen mehr!
Ruf lieber aus im ganzen Heer, Westmoreland,
Daß jeder, der für diesen Kampf kein Herz hat,
Nur abziehen soll. Man stell' ihm seinen Paß aus
Und steck' in seinen Beutel Reisegeld:
Wir wollen nicht mit dem zusammen sterben,
Der die Gemeinschaft unseres Todes scheut.

Damit wird eine Gemeinschaft der Tapferen begründet und gegen die anderen, die feige sind oder einfach nicht dabei, abgegrenzt. Was können die, die dabei sind, erhoffen? Nachruhm! Der König stellt ihnen vor, wie sich auch für einfache Soldaten im Ruhm auf Jahre schwelgen läßt – als würfe eine gute Anleihe jedes Jahr prächtige Zinsen ab:

Der Tag heut' ist das Fest Crispianus,
Wer den Tag überlebt und gesund heimkommt,
Wird sich hochrecken, wenn der Tag erwähnt wird,
Und aufstehn, wenn das Wort Crispianus fällt.
Wer diesen Tag heut' sieht und kommt zu Jahren,
Hält Jahr für Jahr am Vorabend die Nachbarn
Zum Trunk frei: »Morgen ist St. Crispianstag!«
Streift dann den Ärmel hoch und zeigt die Narben:
»Die hab' ich mir am Chrispianstag geholt!«
Alter macht vergeßlich; doch wenn alles sonst
Vergessen ist, wird er sich noch
Zu seinem Vorteil dann erinnern
Was er an diesem Tag für Taten tat: dann werden uns're
Namen, geläufig seinem Mund wie Alltagsworte,
Harry der König, Exeter und Bedford,
Warwick und Talbot, Salisbury und Gloucester,
Bei vollen Bechern frisch im Schwange sein.

Die Zukunftsszene ist wacker ausgemalt. Für wen? Für alle, die heute mit dem König kämpfen, Adel oder arme Schlucker, alle, die der König jetzt in seinen sozialen Kontrakt einbindet:

Der brave Mann soll's seinen Sohn auch lehren;
Crispin Crispian soll nie vorübergeh'n
Vom heutigen Tag bis an der Welten Ende,
Ohne daß man dabei an uns denkt: uns
Wen'ge, uns beglücktes Häuflein Brüder;
Denn wer denn heut' sein Blut mit mir vergießt,
Der wird mein Bruder; wär' er noch so niedrig,
Der heutige Tag, der adelt seinen Stand!

Eine bedeutende Rede. Nicht so lang und kunstvoll aufgebaut wie die Rede des Mark Anton an der Leiche Cäsars, aber: auf den Punkt gebracht! Shakespeare, immer um die Einheit der Nation bemüht, hatte schon gezeigt, wie Heinrichs Hauptleute aus England, Schottland und Wales trotz aller Unterschiede im Temperament und in der Aussprache des Englischen zusammenfinden. Jetzt folgt dem Regionalbündnis das Sozialbündnis der Nation.

Die Schlacht von Agincourt kann beginnen.

Frankreichs Adel reitet an. Bergab im Morast und unter dem Beschuß der Langbogenschützen, kommen die Pferde ins Stolpern. Die Ritter, einmal abgeworfen, sind in ihrer Rüstung am Boden hilflos. Flüchtende Pferde, mit und ohne Reiter, galoppieren in das nachrückende Fußvolk. Ein Chaos. Heinrich läßt in die verknäulten Menschen und Tiere schießen. Ein französischer Überfall aufs britische Lager und die Ermordung der Jungen dort steigern noch den Kampfeszorn. Bald meldet der französische Herold den Briten: »Der Tag ist euer.«

Agincourt – ein Ruhmesblatt in der britischen Geschichte, eine Lehre für jeden, der einen stärkeren Gegner überwinden will.

Der Schluß des Historienstücks, die Friedensverhandlungen von Troyes und Heinrichs Werbung um Katharina, die Tochter des französischen Königs, als beide die

Sprache des anderen radebrechen und sich finden, klingt bei Shakespeare, als sei das gleich nach Agincourt geschehen; tatsächlich vergingen dazwischen fünf Jahre. Ein Dramatiker muß straffen.

Heinrich V. heiratet sein Käthchen. Als er stirbt, heiratet die Witwe den Kammerherrn Owen Tudor. Die beiden begründen – und können es kaum ahnen – die fruchtbar-friedenbringende Tudor-Dynastie: durch ihren Enkel, der 1485 als Heinrich VII. den Thron besteigt – siebzig Jahre nach der Schlacht von Agincourt.

Aber das führt schon in ein neues Stück Geschichte. Das ist Shakespeares »Richard III«. Damit stellt er dem idealen Herrscher Heinrich V. den schurkischen Herrscher Richard III. gegenüber. Der eine, der den Thron erbt, auch wenn es sein Gewissen noch schwer belastet, wie sein Vater den Thron erobert hat; der andere, der auf dem Weg zum Thron selbst eine breite Blutspur hinterläßt. Der eine versteht es, Menschen für seine Ziele und zum Sieg zu motivieren, weiß zu kämpfen und schlägt unbarmherzig zu, wo er auf Verrat stößt. Der andere, ein tapferer Krieger, metzelt nieder, was ihm gefährlich werden könnte, hält die Menschen in seinem Dienst durch Furcht und Zwang zusammen, wünscht »Yes-Men« um sich und scheitert.

Damit hat Shakespeare zwei Herrschertypen dargestellt, wie sie sich bis heute – in vielerlei Abstufungen – im Topmanagement finden.

König Richard III.

Wer über Leichen geht, wird schrecklich enden

Der Krüppel, der als Richard III. den englischen Thron besteigt, ist ein abgefeimter Schurke. Ein Monster als Monarch. Damit es keinerlei Zweifel gibt, erklärt er selbst dem Publikum beim ersten Auftritt seinen Beschluß:

I am determined to prove a villian.

Ich bin entschlossen, mich als Schurke zu bewähren.

Das tut er auch. Er geht über Leichen zum Thron und führt ein Schreckensregiment, bis er im Schlachtgetümmel untergeht und niemanden findet, der auf sein Sonderangebot eingeht:

A horse! A horse! My kingdom for a horse!

Ein Pferd! Ein Pferd! Mein Königreich für ein Pferd!

Aufstieg und Absturz eines Schurken. Aber bei Shakespeare ist so ein großer Schurke nicht einfach ein Schurke. Richard III. ist ein wortgewaltiger Magier der Macht; ein brillanter Manager, der seine Gefolgschaft mit Hoffnung auf reichen Gewinn, mit Schreckensdrohungen und Schuldgefühlen an sich bindet und immer tiefer verstrickt; ein genialer Marketingstratege, der es schafft, sich Prinzessin Anna als Gemahl anzudienen, nachdem er ihren Schwiegervater und ihren Ehemann ermordet hat: mit dem Werbeargument, er habe das alles nur aus Liebe zu ihr getan; wohl eine besondere Art von Geschäftsführung ohne Auftrag.

Wie er Menschen umgarnt, benutzt und fallenläßt – das ist ein starkes Stück. Wie die Menschen reagieren, wie Edelleute vergeblich vor ihm flüchten, Graf Rivers und

Sir Thomas Vaughan, wie Lord Hastings sich genüßlich, aber ganz fälschlich in Sicherheit wiegt, wie der Herzog von Buckingham bei den Verbrechen mitzieht, bis ihm Skrupel kommen und die versprochene Belohnung ausbleibt – das lohnt die nähere Analyse.

Denn erinnert das nicht sehr an Machtkämpfe im modernen Management, ein halbes Jahrtausend nach Richard III.? Mit dem glücklichen Unterschied, daß heute nicht sofort Köpfe rollen und daß, wer weg vom Fenster soll, nicht in den Tower oder ins Exil geschickt wird, sondern entlassen – in günstigen Fällen mit *golden handshake* und Beratervertrag.

Wenn Richard voller Mißtrauen gegen jedermann herumhorcht, ob jemand ihn verraten oder von ihm abfallen könnte, gleicht er da nicht manchem modernen Manager, der jeden überwachen und alles mit Wanzen spicken möchte – und dabei, wie US-Präsident Nixon im Watergate-Skandal, leicht über die Drähte stolpert, die er selbst gespannt hat?

Wie der »gentle villian« aus seiner Krüppelhaftigkeit bei der Werbung um Prinzessin Anna noch Vorteil und im Kampf gegen seine Mutter blanken Haß schlägt, weil sie ihn so geboren hat (»Mein Arm ist ganz verdorrt!«), wie er mit Machtgier und wilden Reden sein Handicap zu kompensieren sucht – erinnert das nicht an Kaiser Wilhelm II., dem bei der Geburt ein Arm verdorben wurde, eine Behinderung, die er zeitlebens zu verstecken und mit überschäumenden Reden und Taten zu kompensieren suchte? Oder an Joseph Goebbels, Hitlers rhetorisch brillanten Trommler mit dem Klumpfuß?

Shakespeares Helden haben jedem, der menschliches Handeln verstehen will, viel zu bieten; besonders wenn sie Schurken sind.

Auch das Publikum läßt Shakespeare von Richard III. geschickt umgarnen. Er macht die Zuschauer immer wieder vorab zu Mitwissern seiner Mordtaten und anderer Schurkereien und läßt das Publikum mit hämischen Kommentaren an seinem sadistischen Spaß teilhaben: wenn er mit teuflischem Geschick erst Prinzessin Anna

»Ich will vernagelte Hohlköpfe um mich haben!«

an der Totenbahre ihres Schwiegervaters, den er umgebracht hat, für sich gewinnt:

Hat je einer ein Weib schon so gefreit?
Hat je einer ein Weib schon so gewonnen?
Ich will sie haben – doch nicht lang behalten

und später bei Königin Elisabeth anscheinend erfolgreich um ihre Tochter wirbt und dann über die Königin sagt:

Nachgiebig dummes, seichtes, wendisches Weib!

Wenn man als moralisch stabiler, gesetzestreuer Bürger ins Theater geht oder Shakespeares Text liest, fällt es gar nicht leicht, sich so über Richard zu empören, wie es Gesetz und Sitte entspräche. Man fühlt sich – mitwissend, fast mitschuldig – eingebunden in ein großes Spiel. Und wirkt nicht auch, was als Machtkampf auf Biegen und Brechen dargeboten wird, wie ein Spiel? Im Theater wird große Politik gegeben: als Theater! Da fragt man sich, ob Schauspieler große Politik darstellen oder ob Darsteller großer Politik sich ein Schauspiel liefern; wie sie dies doch tatsächlich Tag um Tag überall auf der Welt tun; denn die ganze Welt ist eine Bühne.

Shakespeare hat Richards Schurkenstreiche ironisch gebrochen. Das trifft vierhundert Jahre später genau den Zeitgeschmack, der mit reinen Schurken ebensowenig zurechtkommt wie mit reinen Helden; das gibt dann einem Peter Zadek die Chance, das blutrünstige Stück als Tragikomödie zu inszenieren.

Es dämpft weiter den Abscheu vor dem Monster Richard, daß zum einen die meisten seiner Opfer aus früheren Phasen der schrecklichen »Rosenkriege« in Schuld verstrickt sind, so daß Richard wie einer wirkt, der für Sühne sorgt; daß zum anderen Shakespeare zwar hier einen abgeschlagenen Kopf, dort Kampfgetümmel vorschreibt, dem Publikum aber den Anblick der schlimmsten Mordszenen erspart, zumal die Ermordung von zwei kleinen Prinzen im Tower. Und schließlich kennt der böse Richard eine Menge guter Tricks, um sich Sympathien zu verschaffen.

Erster Trick: der Appell, nicht mehr an Vergangenes zu rühren, auch wenn da Dinge geschehen sind, die nicht hätten geschehen sollen.

Was getan ist, ist jetzt nicht zu ändern:
Menschen tun manchmal auch was Unbedachtes
Und haben späterhin viel Zeit zur Reu'.

Hört man solche Appelle nicht auch heute noch? Endlich einen Schlußstrich ziehen! Vergangenes vergangen sein lassen!

Zweiter Trick: sich zukunftsgewandt darstellen.

Das, was ich sein will, nicht das, was ich war.
Verdienste? Nein, was ich verdienen will!

Sieht man das nicht heute noch? Daß Führungspersönlichkeiten im Management von Politik, Wirtschaft und Gesellschaft mit großen Programmen und eindrucksvollen Entwürfen für die Zukunft wie taufrisch auftreten, auch wenn sie schon jahrelang im Betrieb waren und gute Gelegenheit hatten, etwas davon zu verwirklichen? So schwört man leicht wie Richard:

Bei der Zeit, die kommt.

Richard hat noch mehr Tricks im Ärmel, die ihn als hochkarätigen Manager und Verhandlungsführer ausweisen.

Dritter Trick: das Gewicht von Bedenken durch die Bedeutung der geplanten Unternehmung herabsetzen.

Zeigt euch nicht so kleinlich in so großen Plänen!

Gibt es das nicht heute noch? Den dringenden Hinweis, man müsse auch mal »fünfe gerade sein« lassen, *right or wrong,* wenn es um Größeres geht: um die Firma, um das eigene Land?

Vierter Trick: die Gegenspieler als Partner in die Verantwortung einbinden und ihnen vorsorglich die Schuld dafür aufladen, wenn das Projekt nicht zustande kommen und »unermeßlicher Schaden« entstehen sollte – ihnen also die Projektentscheidung zuschieben.

Ohne sie folgt mir und dir und ihr auch,
Dem Land und vielen Christenseelen drin
Tod und Verwüstung, Untergang, Zerfall.

Fünfter Trick: sofort nach dieser Einbindung in die Verantwortung und der Betonung künftiger Schuld – wie das heute in Politik und Wirtschaft immer wieder bei großen Projekten gemacht wird, ob es um den Euro geht, um Kernenergie oder um Einsparungen – die Warnung: Es gibt keine Alternative! So wie Richard III. Königin Elisabeth keine Alternative zu Tod und Verwüstung Englands ließ, falls sie ihm nicht ihre Tochter zur Frau würbe.

Dies ist nicht zu vermeiden als durch dies!

Es ist lehrreich, wie geschickt Richard mit Menschen umgeht. Gleich anfangs, als er zur Königin und zu den Höflingen tritt, klagt er pauschal und rundum, man tue ihm Unrecht, indem man beim König über ihn Klage führe. Was meint er? Wen meint er?

»Zu wem von allen hier spricht Euer Gnaden?«, fragt Lord Grey.
»Ihr tut mir schmählich Unrecht, mich so fälschlich in so üblen Verdacht zu ziehen«, wehrt sich die Königin.

Richards Strategie ist gelungen. Er hat sie alle in die Verteidigung gedrängt. Und irgendeine Schuld, wenn man so angesprochen wird, fällt doch jedem ein.

Ein hoher Bonner Regierungsbeamter, ein ausgewiesener Spötter, begrüßte Bekannte niederen Ranges gelegentlich statt mit »Guten Tag« gern mit: »Was haben Sie zu Ihrer Verteidigung zu sagen?« Hatte er »Richard III.« so gründlich gelesen und eingeübt? Der Beamte setzte zwar gleich hinzu, hahaha, er habe das nur als Scherz gesagt; aber wen er so ansprach, der mußte, wenn er hinreichend sensibel war, erst wieder aus einer Beklemmung herausfinden.

Wenn Richard III. dem treuen Knecht seiner Schandtaten, dem Herzog von Buckingham, die versprochene Grafschaft verweigert (»Ich bin heute nicht in Geberlaune«) und immer von etwas anderem redet, wenn der Herzog ihn drängt, oder wenn er den getreuen Catesby als Boten losschickt, ohne ihm seinen Auftrag zu geben – dann mag mancher, der es ähnlich erlebt hat, sich an den Umgang im heutigen Management von Politik und Wirtschaft erinnert fühlen.

Richards Morde haben Methode. Jeder sozusagen ein Unikat. Die Opfer werden nicht in gleicher Weise hingeschlachtet, sondern jedes nach angemessenem Plan. Seinen Bruder Clarence, der ein wenig naiv ist, bringt Richard durch vage Gerüchte beim König in Mißkredit und in den Tower, schickt ihm dort Mörder auf den Hals – und Clarence bleibt trotzdem lange überzeugt, daß Richard sein Freund und Anwalt ist. Den König erledigt er mit der Hiobsbotschaft, daß Clarence – durch des Königs Schuld, obwohl dieser seinen Hinrichtungsbefehl zurückgenommen hatte – tot sei: ein Schreckenswort im passenden Augenblick kann töten. Lord Hastings, der noch jubelt, daß Richard auch seine Feinde besiegt habe, und der sich in Sicherheit wiegt, wird überfallartig hingerichtet (»Köpfen! Einen Grund wollen wir schon finden«) und erkennt, ehe sein Kopf fällt:

Wer Hoffnung baut auf Luft freundlicher Blicke,
Lebt wie ein trunkener Seemann auf dem Mast,
Bereit, bei jedem Ruck, bei jedem Nicken
zu stürzen in der Tiefe tödlichen Schoß.

Solche Einsichten kommen auch heute noch – zu spät – manchem, der auf die heiße Luft scheinbar freundlicher Beziehungen zum Chef vertraute.

Was man heute mit schwarzem Humor »Herodes-Methode« nennt oder das »Champignon-Prinzip« des Managements (die Menschen im Dunkeln halten, mit Mist bestreuen, die Köpfe abschlagen, sobald sie herausgucken), also die Beseitigung aller potentiellen Nachfolger, traf mit voller Wucht die zwei kleinen Prinzen, Edmund V. und seinen Bruder: Doppelmord im Tower, bis heute ein Düsterstück der englischen Geschichte. Der Herzog von Buckingham hatte die Ermordung der Prinzen organisieren sollen (Richard: »Ich wünsch', daß die Bankerte tot sind«). Als ihm Skrupel kommen (Richard: »Freund Buckingham stieg hoch und wird behutsam«), läßt Richard ihn ohne die längst versprochene Belohnung einfach stehen und sucht sich einen anderen Mörder. Dem Herzog dämmert es:

Steht's so? Lohnt er mir meine Dienste so
mit Verachtung? Macht ich dazu ihn zum König?

Er flüchtet, wird eingeholt und hingerichtet.

Auch heute noch müssen Steigbügelhalter fürchten, daß sie statt Dank und Belohnung einen Tritt bekommen. Aber der »Prozeß der Zivilisation« (Norbert Elias) hat doch Veränderungen bewirkt. Wenn heute in Politik und Wirtschaft hingerichtet wird, dann verbal, nicht mit dem Schwert. Aber es spürt doch mancher einen ähnlich beklemmenden Frust wie damals der Kanzleischreiber, der hinter Lord Hastings' Rücken die Klageschrift für dessen Todesurteil säuberlich zu kopieren hatte:

'ne schöne Welt! Wer ist so dumm und kann nicht
Durchschaun diesen handgreiflichen Betrug,
Doch wer so kühn, zu sagen, er durchschaut ihn?
Schlimm ist die Welt; alles wird untergehn,
Wenn man nur denkt und schweigt und läßt's
geschehn.

Für England immerhin verhindert der Graf von Richmond, der Richard III. besiegt und tötet, als Heinrich VII. den Untergang. Er errichtet die erfolgreiche Tudor-Dynastie.

Beim Endkampf hat Richard III. mit einem starken Heer gute Karten. Aber zwei Phänomene besiegeln seinen Untergang: daß die Geister seiner blutigen Opfer ihn in der Nacht vor der Schlacht um Schlaf und Seelenruhe bringen und daß er auf seiner Blutspur sich so vieler gewichtiger Menschen entledigt und sich statt dessen mit bedenkenlosen, gedankenlosen Dummköpfen umgeben hat, einem Team von »Yes-Men«. Richards Personalauswahlprinzip:

Ich will vernagelte Hohlköpfe um mich
haben und Burschen, die nichts denken;
mir taugt keiner, der in mich eindringt
mit zu klugem Blick.

Zur Rettung aus Seelenpein, wenn es beim *hiring and firing* wieder einmal hart herging, gibt es heutzutage Analytiker und ausgeklügelte psychotherapeutische Behandlung, besonders in den USA. Die Gefahr, daß Topmanager in Politik und Wirtschaft nicht nur potentielle Rivalen beseitigen, sondern auch konstruktive Kritiker und sich statt dessen mit einer Clique von Claqueuren umgeben, die zu allem ja und amen sagen, die applaudieren und apportieren, ist seit Richard III. mit den Machtstrukturen der modernen Gesellschaft eher gewachsen.

Der Sturm
Wer soll der Boß sein?

Wenn der Sturm losbricht, das Meer schäumt, das Schiff in allen Fugen ächzt und schwankt – wer soll dann an Bord das Sagen haben? Die VIPs? Der König von Neapel oder der Herzog von Mailand? Sie machen ihre Autorität geltend und werden vom Bootsmann schroff abgewiesen:

> *Fort! Was fragt denn dieses wogende Gebrüll*
> *nach eines Königs Namen? In die Kabine! Ruhe!*
> *Stört uns nicht!*

Auch Gonzalo, ein Berater des Königs, der dem Bootsmann zu bedenken gibt, wen er an Bord hat, erntet nur Spott:

> *Ihr seid ein Staatsrat: Könnt Ihr erst diesen Elementen den Befehl zum Schweigen geben und auf der Stelle Frieden stiften, so wollen wir kein Tau mehr zur Hand nehmen! Setzt Eure Autorität doch ein.*

Ein stürmischer Auftakt, als würde »Der Fliegende Holländer« gegeben – und schon ist die Kernfrage des Stücks, die vielen Zuschauern hinter Inselzauber und Märchenspielen verborgen bleibt, klar gestellt: Wer hat Macht, was heißt Autorität, wie entscheidet sich, wer als Boß das Kommando führt, wenn es schwierig wird? Das ist eine Grundfrage des gesamten Managing, wenn Managing bedeutet, in einer gegebenen Situation die optimale Lösung zu finden. Was oft heißen muß, denjenigen mit einer Lösung zu beauftragen, der dafür die besten Voraussetzungen mitbringt, und ihn mit der Autorität auszustatten, die er zum Erfolg braucht.

Schon mancher Topmanager, der in seinem Büro souveräner Herr der Firma ist, hat im Maschinensaal bei einem Notfall nur allen im Wege gestanden. Nicht jeder versteht, sachkundig zu delegieren oder die Befehlsgewalt so klar zu regeln, wie es bei der Marine üblich ist. Wenn Prinz Philipp, der Gemahl der englischen Königin, an Bord eines Schiffes geht, läßt er den Kapitän sofort wissen: »An Bord haben Sie das Kommando.« Der Prinz ist nicht nur ein Royal, sondern ein Mann der Royal Navy mit entsprechender Ausbildung.

Nicht jeder Manager, der sich auskennt und auf seine Tatkraft vertraut, hat einen Schneid wie Helmut Schmidt, der 1961 bei der Hamburger Sturmflut das Kommando über seine amtliche Autorität hinaus an sich riß und den gewählten Bürgermeister höflich, aber bestimmt bat, ihn nicht bei der Arbeit zu stören. Schmidt hatte Erfolg. Das rechtfertigt manches. Bei Shakespeare geht das Schiff erst einmal unter. Denn gegen Magie kämpfen die besten Matrosen vergebens.

Wie so häufig in Politik und Wirtschaft, erweist sich der Streit um Autorität an Bord des Schiffes als bedeutungslos, weil die tatsächliche Macht anderswo liegt. In diesem Fall bei Prospero auf der Insel, vor der das Schiff scheitert. Er hatte durch seinen Luftgeist Ariel den verhängnisvollen Sturm anblasen lassen. Mit ihren magischen Kräften sorgen Prospero und Ariel dann auch dafür, daß alle Schiffbrüchigen heil und gesund an Land kommen; sogar in trockenen Kleidern, wie frisch gebügelt – so wie es früher in Filmen üblich war, wenn der Held stundenlang durch den Regen lief und dann staubtrocken das Haus betrat.

Wieso ist Prospero auf die Insel gekommen? Wegen eines Machtkonflikts in Mailand. Auch da ging es um die Kernfrage: Wer soll der Boß sein? Prospero war der legitime Herzog. Man weiß nicht, wie gut er regierte. Aber man weiß, durch Shakespeare, daß er sich von der Welt zurückgezogen und in Studien vertieft hatte, Wissenschaft und gute »weiße Magie«. Das Management der Regierungsgeschäfte überließ er seinem Bruder Antonio:

to him put the manage of my state.

Da ist ein Konflikt angelegt. Zwischen der Bequemlichkeit des einen und der Versuchung des anderen entwickelt sich leicht eine Revolution des Managers: der Griff nach Autorität und Titel. Ausgang ungewiß. Die Hausmeier der Merowingerkönige, für die sie im Frankenland lange das Schwert und die Geschäfte geführt hatten, machten im 8. Jahrhundert europäische Geschichte, als sie die »Schattenkönige« verdrängten und als Karolinger ein Großreich gründeten; mit der Kaiserkrönung von Karl dem Großen, 800 in Aachen, als einem denkwürdigen Höhepunkt.

In Politik und Wirtschaft wird ständig Geschichte geschrieben, wenn der Boß, dessen Autorität ausgehöhlt ist, seinen Platz als »Nummer eins« verliert. Und wohin dann mit ihm? Der letzte Merowinger wurde in Klosterhaft geschickt. Deutsche Aktiengesellschaften haben einen Aufsichtsrat. England hat ein Oberhaus, von dem Spötter sagen, es sei »ein Beweis, daß es ein Leben nach dem Tode gibt«. Auch für die Europäische Union wäre ein Oberhaus zu empfehlen.

Als Antonio in Mailand mit Hilfe des Königs von Neapel die Macht und den Herzogtitel an sich gerissen hatte, verfuhr er hart mit seinem entthronten Bruder. Er schickte ihn aufs Meer, in einem kaum seetüchtigen Boot,

Sogar die Ratten hatten's instinktiv verlassen,

dessen Tochter Miranda mit dabei. Eine Todesfahrt. Aber weil der treue Gonzalo sie mit Wasser und Werkzeug, Proviant, Kleidung und vor allem mit Prosperos wissenschaftlich-zauberkräftigen Büchern versorgt, erreichen sie eine Insel (Modell Bermudas, von Shakespeare kühn ins Mittelmeer verlegt). Ein Abenteuer wie für Robinson Crusoe. Aber Prospero hatte seine Grundausstattung und sein Baby dabei. Der primitive Eingeborene Kaliban, den er in Dienst nahm, zeigte sich weit ungeschickter und aufsässiger als Robinsons Freitag. Aber Prospero befreite den hochflexiblen Luftgeist Ariel (damals noch keine Waschmittelmarke) aus einer fatalen Klemme und ließ ihn seine Dankbarkeit jahrelang abdienen.

Vom Sturm verweht: Autorität

Auf der Insel, kein Zweifel, ist Prospero der Boß. Was ihm an Arbeitskräften fehlt, ersetzt er durch *managerial magic:* eine Zauberkraft, die er aus seinen Büchern destilliert. Da zeigt sich: Wissen ist Macht! Und theoretische Studien sind kein Hindernis, sondern Voraussetzung für Erfolg in der Praxis. Aber ist Prosperos Inselherrschaft legitim? Ariel will nur seine Freiheit. Doch Kaliban – schiefmäulig, häßlich, immer wieder geduckt – macht böse grummelnd konkrete Ansprüche geltend: Die Insel gehörte seiner Mutter. Sie war eine Hexe. Der Teufel, so behauptet Prospero, hatte mit ihr den mißgestalten Kaliban gezeugt. Niemand hatte Hexe und Sohn die Insel streitig gemacht – bis Prospero kam und sich Kaliban samt Insel unterwarf. Damit sind Grundprobleme einer Kolonialzeit angerissen, die damals noch kaum begonnen hatte, die Shakespeare aber schon weitschauend analysierte: Wie Prospero dem Eingeborenen Bildung beibringen will, Stunde um Stunde, Sprache vor allem, damit dieser sich und die Welt verstehen und zum Ausdruck bringen könne; wie Kaliban sich wenig interessiert zeigt und dem Lehrmeister entgegnet:

Ihr lehrtet mich die Sprache. Und mein Gewinn ist,
daß ich zu fluchen weiß. Hol die Pest Euch, daß
Ihr mich Eure Sprache lehrtet!

Wie Prospero ihn in seine Klause aufnimmt, bis die sexuelle Belästigung des Kindes Miranda beginnt; deswegen wirft er ihn hinaus, flucht ihm noch immer, während Kaliban grölt:

Ho, ho, ho! Ich wollt, es wär geschehen.
Du hast mich dran gehindert, sonst hätte
ich die Insel mit Kalibans bevölkert!

Wie Prospero ihn mit schrecklichen Strafdrohungen immer wieder zu niedriger Schwerarbeit treibt, Holzschleppen, egal ob genug Holz im Haus ist oder Ariel das vielleicht mit einem Fingerschnick herbeizaubern könnte:

Wenn du versäumst oder ungern tust,
Was ich befehle, foltr' ich dich mit Krämpfen,

Füll dein Gebein mit Schmerz, mach dich brüllen,
Daß Bestien vor dem Lärm erzittern.

Klingt das nicht fast wie ein drohender Appell an Eingeborene irgendwo in Afrika oder Asien vor Beginn einer Strafexpedition auf dem Höhepunkt des kolonialen Imperialismus? Der Eingeborene muß sich fügen. Aber wie so viele nach ihm, brütet er Rache, Revolution und Wechsel des Regimes! Als das Schiff mit dem König von Neapel und dem Herzog von Mailand an Bord strandet, hängt sich Kaliban an zwei Männer der Besatzung, einen Witz- und einen Trunkenbold, stiftet sie zum Putsch an – Tod für Prospero! – und muß erleben, wie sie sich mit Kostümen der Autorität behängen, ohne die Macht erworben zu haben, für die diese Kostüme geschneidert wurden.

Die komplexe Problematik des Kolonialismus ist oft in den Vordergrund gespielt worden, wenn »Der Sturm« auf der Bühne entfesselt wurde; besonders auf britenkritischen Bühnen. Aber die Problematik von ererbtem Eigentum und Besitznahme durch aktuelle Macht, von Arbeit als Strafe, von Aufruhr und einer Revolution, die sich im eitlen Plunder einer Kostümierung verläuft, ist nicht auf die Kolonialzeit beschränkt.

In Shakespeares Stück entwickeln sich in kurzer Zeit zwei Putschversuche, um Bosse zu stürzen. Prosperos böser Bruder Antonio hetzt Sebastian zum Mord an dessen Bruder auf, dem König von Neapel. Und Kaliban schleicht mit seinen neuen Kumpanen zum Mord an Prospero. Prospero, als Manager der Insel-Magie, und sein Assistent Ariel verhindern beide Mord- und Putschversuche. Sebastian ging es um eitle Macht, Kaliban um wütende Rache. Mit seinen Kumpanen bot Kaliban nur dummdreisten, versoffenen Klamauk (der allerdings heutzutage beim Publikum immer mehr Beifall findet).

Die Putschisten haben keine programmatische Alternative zur Herrschaft. Einer vom Schiff hingegen meint, er wüßte, wie er regieren würde, wenn er König wäre: der alte, anständige Ratsherr Gonzalo, der seinerzeit für Prospero und das Baby gesorgt hatte und der nun auf ihrer Insel gestrandet ist. Da entwickelt er, mehr so zum Spaß, eine Utopie, wie sie von Steinzeit-Sozialisten oder aus der Anfangszeit der »Grünen« stammen könnte:

Keine Art Handel würde ich erlauben,
Auch keine Beamte. Bildung gäb' es keine,
Nicht arm, nicht reich, auch keine Dienstbarkeit.
Auch nicht Vertrag und Erbschaft, Landumzäunung,
Nicht Ackerbau, nicht Weinbau, nichts davon;
Weder Metall, noch Öl, noch Korn würde man brauchen
Und auch kein Handwerk. Alle Männer müßig;
Die Frauen auch, doch rein, in aller Unschuld;
Kein Landesherr ... Allen gemeinsam würde die Natur
Ganz ohne Schweiß und Mühe alles schenken. –
Verrat, Verbrechen, Schwert, Speer und Messer
und Geschütz, oder auch and're Kriegsmaschinen
Wollt' ich nicht haben. Nur aus freien Stücken
Würde Natur mein unschuldiges Volk
In Fülle nähren.

Die Hofleute spicken die paradiesische Utopie reichlich mit ironischen Kommentaren.

Auch Prospero hat seine Utopie; weniger grün und radikalsozialistisch ausgefeilt, mehr eine große, bodenständige, himmelhoch harmonische Vorstellung – die seine Geister dann Miranda und ihrem Verlobten geben, dem Königssohn Ferdinand. Eine Cyberspace-Show mit grünen Hügeln und munteren Bächen, mit Schnittern und Nymphen und Erntedank. Heute nennen wir das virtuelle Realität: etwas, das es nicht wirklich gibt, das aber wirkt, als sei es real, und das bewirkt, was es bewirken soll: die Herzen der Verlobten harmonisch zusammenzuführen, aber zugleich mit Besänftigung das hitzige Blut des Bräutigams – da war der Magier-Manager Prospero sehr mißtrauisch – abzukühlen. Recht plötzlich bricht er dann seine Show ab:

Our revels now are ended …

Nun ist unser Fest zuende …

Er hatte vergessen, sich gegen Kalibans Putsch zu rüsten. (Es passiert nicht selten im Topmanagement, daß über der Inszenierung von Shows wichtige Termine versäumt werden.) Aber das abrupte Ende ist zugleich die Rückkehr in eine Realität, zu der es gehört – so erklärt Prospero dem jungen Paar –, daß alles, die Türme, Paläste und Tempel der Erde, der ganze Globus sich so spurlos in nichts – »in thin air« – auflösen werde wie die Geister, die er zur virtuellen Harmonie seiner Show zitiert hatte. Und die Menschen selbst?

We are such stuff
As dreams are made on, and our little life
Is rounded with a sleep …

Wir sind solch Stoff
Wie der für Träume, und dies kleine Leben
Umfaßt ein Schlaf …

Am Ende des Stücks wirkt Prospero als Sieger, obwohl auch seine Zauberkraft ihre Grenzen hat. Er kann Stürme aufwirbeln lassen, aber er kann Bösewichter wie Antonio und Sebastian nicht charakterlich umschmelzen; er ist kein Psychiater oder Psychotherapeut. Er kann Miranda und Ferdinand nicht zur »richtigen« Liebe treiben; aber es scheint, daß sie sich allein gut finden. Ferdinand ist der einzige, der vor Ort für Miranda in Frage kommt. Aber Miranda bestaunt als Tochter eines einsamen, seit zwölf Jahren alleinerziehenden Inselvaters nicht nur Ferdinand, sondern alle Geschöpfe, die an Land gespült worden sind:

O, wonder!
How many goodly creatures are there here!
How beauteous mankind is! O brave new world,
That has such people in't!

O Wunder!
Was gibt's für herrliche Geschöpfe hier!
Wie schön der Mensch ist! Wackre neue Welt,
Die solche Bürger trägt!

Und was tut Prospero? Was tut ein Sieger? Er vergibt allen ihre Schlechtigkeiten, besonders wenn sie Reue zeigen. Er fordert sein Herzogtum Mailand zurück – und das bekommt er, kein Thema. Er entläßt endlich den emsigen Ariel. Er zerbricht seinen Zauberstab und vergräbt seine Bücher klaftertief:

This rough magic I here abjure …

Diesem rohen Zauber schwör ich ab …

Ist er dazu jetzt stark genug? Will er sein Herzogtum künftig aktiv regieren, statt zu studieren und zu zaubern? War er vor zwölf Jahren reif für die Insel und ist im Abenteuerurlaub eines langen *sabbatical* zu einem Manager gereift, der in eine Welt eintritt, die für ihn wie neu ist: mit Selbstvertrauen, im Bewußtsein der Grenzen seiner Macht, als souveräner Herrscher?

Now my charms are o'erthrown,
And what strength I have's mine own,
Which is most faint …

Hin sind meine Zaubereien,
Was an Kraft ich habe, ist mein eigen,
Und das ist recht wenig …

Ein geläuterter Magier. Ein älterer Manager. Künftig will er jeden dritten Gedanken dem Grab widmen; bleiben immerhin zwei Drittel hochentwickelte Denkkraft für das Management von Mailand und die Familie. Das gekenterte Schiff liegt seeklar zur Rückreise; nichts gerissen, nichts gesplittert beim Schiffbruch. Damals wurde das als Wunder bestaunt. Heute wundert sich niemand, wenn die »Titanic« wie neu durch die Kinos fährt.

Timon von Athen

Wer maßlos wegschenkt, ist im Bankrott ohne Freunde

Dreht sich alles um Geld und Gold: Pecunia est nervus rerum? Hatte Johann Wolfgang von Goethe recht, als er schrieb: »Gold ist so unbedingt mächtig auf der Erde, wie wir uns Gott im Weltall denken«? Und dann ließ er im »Faust« noch Gretchen sagen: »Nach Golde drängt, am Golde hängt doch alles. Ach, wir Armen!«

Goethe bewunderte Shakespeare und seinen »himmlischen Genius«. Fast könnte man meinen, als er dem Gold so ungeheuere Macht zusprach, habe er eben Shakespeares »Timon von Athen« gelesen. Denn da scheint sich alles ums Geld zu drehen und Gold die Hauptrolle zu spielen. Deshalb hat sich auch ein anderer deutscher Shakespeare-Fan, Karl Marx, für die Tragödie interessiert, besonders für Akt IV, Szene 3; er interpretierte den »Timon von Athen« als ein Stück über die entfremdende Wirkung des Geldes auf die Menschen. Hat Marx recht, oder hat er sich mal wieder geirrt?

Der Inhalt der kurzen, selten gespielten Tragödie läßt sich in einem Satz zusammenfassen: Der reiche Athener Timon bewirtet und beschenkt jedermann so maßlos freigebig, daß er bankrott geht, woraufhin alle, die als Freunde zu ihm gekommen waren, ihn im Stich lassen, Timon sich wie ein Tier im Wald verkriecht, beim Scharren nach Nahrung wieder Gold findet, damit alle Welt wie mit Dreck bewirft und den Feldherrn Alkibiades heuert, ihn an Athen zu rächen, während er selbst tief verbittert stirbt.

Shakespeare hat den »Timon von Athen« weit weniger durchkomponiert als seine anderen Stücke. Während die dramatische Gestaltungskraft Shakespeares, mit der er sonst Charaktere herausbildete und Handlungsfäden verknüpfte, das Theater seinerzeit über die mittelalterlichen *morality plays* hinausführte, erscheint »Timon von Athen« wie eines dieser Mysterienspiele, die auf deutschen Bühnen vor allem durch Hugo von Hofmannsthals »Jedermann« oder »Das Große Salzburger Welttheater« nachwirken: mit lockeren Folgen holzschnittartiger, exemplarischer Bilder, mit kräftiger, oft allegorischer Sprache unterlegt. Sie zeigen im »Timon von Athen«, was Geld und Gold vermögen, wenn sie verschwendet oder wenn sie als Kapital verwendet werden – und sei es nur, um einen Racheakt zu finanzieren. Heißt das, die entfremdende Wirkung des Geldes auf die Menschen zeigen? Eher will es scheinen, daß die Wirkung von Geld und Gold dargestellt wird als Katalysator, der die unterschiedlichen, in den Menschen angelegten Eigenschaften hervorbringt – besonders die schlechten.

Den superreichen Timon verführt das Geld erst zu maßloser Freigebigkeit und nach dem Bankrott zu einer ebenso maßlosen Menschenverachtung – also zweimal in die Maßlosigkeit einer gesellschaftlichen Außenseiterposition. Genau das hält ihm der zynische Philosoph Apemantus wie einen Spiegel vor: »Den Mittelweg der Menschheit hast du nie gekannt, nur die beiden äußersten Enden.«

Wenn die Tragödie als Warnung aufgefaßt wird, dann wohl weniger vor den Risiken des Geldes als allgemeiner vor maßloser Überheblichkeit des Menschen, die aus riesigem Reichtum, aber auch aus bitterster Armut erwachsen kann. Das steht im Einklang mit der Botschaft alter Mysterienspiele, wie sie auch Goethes »Faust« noch durchwirkt. Es dient der pädagogischen Wirkung solcher Stücke, daß die Handlung nur grob umrissen wird, die zwischen riesigen Distanzen, Himmel und Hölle oder – wie bei Timon – größtem Reichtum und nackter Armut verläuft, so daß unverdichtete, einladende Leerstellen bleiben. Da kann das geneigte Publikum, vor der Bühne oder das Buch in der Hand, die eigene Phantasie walten lassen und, gleichsam Shakespeare weiterdichtend, Leerstellen lehrreich ausfüllen.

Heut' sitzt Berechnung höher als Gewissen

Fast scheint es, als gelte für solche Stücke, was Banquo in »Macbeth« für die Erde entdeckte: »Die Erd' hat Blasen, wie das Wasser hat.«

Es gibt allerhand interessante Luftblasen im Stück. Gleich anfangs drängt sich die Frage auf, warum Timon jedermann so freigebig beschenkt. Ganz aus unschuldiger Großherzigkeit? Ist für ihn Geld eine so tote Materie, daß er sie mit Gastmahl und Geschenken maßlos zum Leben erwecken will? Möchte er dafür Werte einhandeln, seine Porträts und Lobgedichte als sichtbare Stützen seiner Egozentrik, mehr noch Freundschaften oder gar Macht über Menschen? Fühlt er sich verpflichtet, jede empfangene Gabe mit einer ungleich wertvolleren zu vergelten – bis zu seinem Ruin? Will er etwa mit seinem anomalen Verhalten die bestehenden guten Verhältnisse einreißen – wie Leontes im »Wintermärchen« eine Idylle durch seinen unsinnigen Verdacht gegen Frau und Freund einreißt? Will er sich von allem entblößen, um – wie Edgar als »Poor Tom« in »King Lear« – gleich einem Tier im Wald herumzukriechen? Oder kann er einfach nicht rechnen, kann er – seine unklaren – Einnahmen und Ausgaben nicht ins Gleichgewicht bringen? Ein Problem, mit dem sich bis heute viele Menschen herumplagen; ein Syndrom, das sich zunehmend bei Finanzministern zeigt.

Das bleibt alles ziemlich offen, auch wenn es diese oder jene Andeutung gibt. Das ist Stoff für psychologische Analyse, für psychiatrische Behandlung – oder einfach für die Phantasie des Publikums.

In einer ungleich kürzeren Parallelhandlung wird anderes als Geld und Gold gewogen: militärische Macht und soldatisches Verdienst. Kann der Feldherr Alkibiades, ein Freund Timons, sein soldatisches Verdienst um Athen in die Waagschale der Justiz werfen und damit für einen Kampfgefährten, der nach Gesetz und Richtspruch der Todesstrafe verfallen ist, Gnade erwirken? Die Senatoren verweigern es, überschätzen damit ihre Position und unterschätzen die Macht des Militärs, mit dem Alkibiades am Ende eine neue Ordnung herstellt und auch Timon posthum Gerechtigkeit widerfahren läßt.

Wie so viele Tragödien, beginnt auch »Timon von Athen« ganz harmlos. Ein Dichter und ein Maler treffen sich, beide auf dem Weg zu ihrem Mäzen Timon. Man wünscht sich einen guten Tag, fragt, wie es mit der Welt so geht – und schon ist eine Schlinge ausgeworfen, in der man nachdenklich hängenbleiben kann; als der Maler die Routinefrage nach dem Lauf der Welt auf ungewöhnliche Weise beantwortet:

It wears, sir, as it grows.

Was soll das heißen? Nach der klassischen Schlegel-Tieck-Übersetzung: »Sie trägt sich ab im Lauf.« Fried übersetzt: »Trägt sich im Wachsen ab, Herr.« Und Frank-Patrick Steckel, der 1990 als Intendant in Bochum einen eindrucksvollen »Timon aus Athen« auf die Bühne brachte, mit den Schauspielern unter maskenhaften Schwellköpfen, versteht es so: »Ihr Lauf, Sir, nutzt sie ab.«

Alles nicht ganz treffend. Denn spürt man nicht in den wenigen Worten, was wir heute wissen und was uns so viel Kummer bereitet: daß das Wachstum unserer Welt, das Wirtschaftswachstum, unsere eigentliche Welt, die Erde, abnutzt? Merkwürdig, daß die Ökologen den Barden aus Stratford noch nicht für sich entdeckt haben; etwa mit einer Übersetzung wie:

Im Wachstum nutzt die Welt sich ab.

Aber der Dichter, noch nicht ökologisch eingestimmt, überläßt die Welt ihrem Lauf und gibt, während Kaufmann, Juwelier und andere nahen, »magic of bounty« als Motto für den ersten Teil der Tragödie aus:

Magie des Reichtums, deine Macht, sie bannt
All diese Geister her, daß sie dir dienen.

Dann entrollt Timon, »stets zu Dienst den Freunden«, beim Gastmahl und mit vielerlei Belohnung und Geschenken seinen Reichtum, verleiht seiner Freigebigkeit auch Akzente humaner Würde:

Dem Schwachen aufzuhelfen, das genügt nicht;
Man muß ihn dann noch stützen …

Freien Herzens gab ich, was ich gab.
Und wer kann sagen, er gibt etwas, wenn er es dann zurücknimmt?

Wer Schuldnern, die zurückzahlen wollen, so begegnet, darf sich nicht wundern, wenn bald die Pleitegeier überm Haushalt kreisen. Die anderen ahnen es früher als Timon.

So der Dichter:

Wenn Fortunas wechselnde Laune
Hinabstößt ihn, der grad noch Günstling war,
Dann läßt sein ganzer Anhang, der ihm nach
Auf Hand und Knie zum Gipfel kroch, ihn fallen.
Nach unten folgt nicht einer seinem Schritt.

So der zynische Philosoph Apemantus:

Wer stirbt, der nicht ins Grab noch einen Fußtritt
Als Gabe seiner Freunde mit sich nimmt?

So der treue, traurige Verwalter Flavius:

Wenn alles weggegeben ist, kommt Reu.
Leider kann Großmut niemals rückwärts sehen,
Sonst müßte Güte nie zugrunde gehn!

Timon will nicht hören, und Apemantus resigniert:

O, daß der Mensch so taube Ohren hat,
Nicht für die Schmeichler, nur für guten Rat.

Als die Gläubiger die Lage des Timon erwägen, findet ein Senator ein originelles Bild:

Ich fürcht, wenn jede Feder erst bei dem steckt,
Dem sie gehört, dann wird Herr Timon eine
Gerupfte Möwe sein, der jetzt noch glänzt als Phönix.

Auch für sein eigenes Verhalten macht der Senator sich seinen Reim auf Timon:

Ich lieb und ehr ihn,
Doch brech ich mir nicht das Kreuz,
Um seinen Finger zu heilen!

So machen's alle. Keiner, der Timon etwas zurückzahlen oder leihen möchte. Allen mangelt es eben gerade selbst am Geld. Nur an klugen Sentenzen, vor allem unter Dienern und Fremden, mangelt es nicht:

Wer erst Kredit verliert,
Kommt schwerlich wieder auf.

Wer nicht sein Geld hütet, verliert's,
Und so geht's aus:
Er hütet schließlich bang nur noch sein Haus.

Welch Ungeheuer ist der Mensch
Wenn er sich zeigt mit seines Undanks Zügen.

Der Mensch muß jetzt sein Mitleid zu verleugnen wissen,
Heut sitzt Berechnung höher als Gewissen!

Armut, die der Pest gleich, alle meiden,
Bleibt einsam wie die Schande.

Die ärgste Sünde war, er war zu gut!

Güte macht den Gott, doch stürzt den Mann.

Der Bankrott ist nicht das Ende Timons oder des Stücks. Noch zweimal, wie als retardierendes Moment, wiederholt sich die Tragödie des Verlustes – als Komödie, mit bitterem, hohnvollem Klang.

Erst, als Timon, von dessen Pleite doch alle wissen, die, die als seine Freunde galten, doch noch einmal zum großen Gastmahl laden läßt. Das macht sie verlegen. Das ist ihnen peinlich. Ist er vielleicht gar nicht pleite? Hat er sie nur prüfen wollen? Haben sie versagt, als er sie um Geld bat? Läßt er sie nun büßen? Timon ist pleite und läßt sie büßen. Er serviert ihnen zum Gastmahl nur Steine und Wasser und jagt sie höhnend fort.

Dann, als Timon im Wald nach Wurzeln als Nahrung

gräbt und statt dessen auf Gold stößt: als öffne sich die Erde, um ihn zu verhöhnen; weil sie ihm vorenthält, was er sucht: Nahrung; aber bietet, was er einmal verloren hat und nicht mehr haben will: Gold. Er bietet es allen an, die nun kommen, bewirft sie damit, auch die Räuber, die ihn bestehlen wollen, auch den Feldherrn Alkibiades und dessen Dirnen. Er läßt den Boten des Senats abblitzen, der den Neureichen demütig zurückholen will, und schickt seiner Stadt Athen statt dessen Alkibiades auf den Hals; mit einem Heer, das dieser mit dem Gold aus Timons neuem Schatz geheuert. Das Angebot vom »Staat, der selten sonst widerruft«, hat Timon nicht rühren können:

Leiht mir ein Narrenherz und Weiberaugen,
Und ich will weinen, werte Senatoren!

Was bleibt, nachdem der »Traum von Freundschaft« zerronnen ist?

Kluge, zynische Einsicht, wie sie der Maler formuliert, Timons einst gutbezahlter Porträtist: »Versprechen gehört heute zum guten Ton. Es öffnet der Erwartung die Augen. Es halten ist dann um so einfältiger; und außer bei einfacheren und beschränkteren Leuten ist es auch gar nicht mehr Mode, zu tun, was man gesagt hat. Versprechen ist höflich und modern, halten ist so eine Art letzter Wille oder Testament, denn wenn einer das wirklich tut, so läßt es auf eine schwere Krankheit seiner Urteilskraft schließen.«

Shakespeare schrieb das vor vierhundert Jahren. Paßt es nicht – leider – genau auf unsere Zeit, die in Politik, Wirtschaft und Gesellschaft voller Versprechen ist: große Reformen, blühende Landschaften, Arbeitsplätze? Und voller Bürger, die ungehalten sind, weil die Versprechen nicht gehalten werden? Wie wäre es mit einer neuen Mode: Halten, was man verspricht – oder den Mund halten?

Und so Timon, der Bankrotteur: »Wenn eure Gottheiten je von Menschen borgen müßten, dann würden die Menschen den Göttern den Rücken kehren.«

Den Senatoren gelingt es, Alkibiades, als das Heer von ihrer Stadt steht, einigermaßen milde zu stimmen:

Nicht alle haben gesündigt.
Und es ist nicht billig,
Für die, die tot sind, Rache nun zu nehmen
An Lebenden. Verbrechen sind nicht erblich
Wie Land.
Was du willst, das sollst du
Erzwingen dir mit deinem Lächeln,
Als mit dem Schwert erhau'n.

Von Timon bleibt dem Feldherrn nur eine Grabinschrift, in der es heißt:

Hier liegt ein armer Leib,
Der armen Seel' beraubt,
Such meinen Namen nicht.
Fluch auf dein sündig Haupt!

Klingt das nicht nach Shakespeares eigener Grabinschrift in der Trinity Church in Stratford-upon-Avon, mit der er um Jesu willen jedermann bat, nicht nach seinem Staub zu graben, und alle verfluchte, die seine Gebeine bewegen würden? Die Bitte und der Fluch hatten durch die Jahrhunderte ihre erhoffte Wirkung!

Good frend for Jesus sake forbeare,
to digg the dust enclosed heare,
and blest be ye man yt spares the stones,
and curst be he yt moves my bones.

Chefsache Shakespeare

Shakespeare in Kurzfassungen

Wer in unserer Zeit der Globalität kulturell mithalten will, kommt an Shakespeare nicht vorbei. An seinen siebenunddreißig Dramen. So großartig (fast) alle sind, so haben sie doch (für manchen von uns) einen großen Fehler: Sie sind ziemlich lang. Besonders »Hamlet«: dreitausendachthundert Zeilen, komplett vier Stunden und mehr.

Da wünscht man sich Kurzfassungen. Shakespeare als Chefsache. Jedes Stück mit einem Blick zu erfassen, alle Dramen in fünf, sechs Zeilen. Zur Information vor dem Theater – oder statt des Theaters. So kurz? Geht das? Doch, wenn man Polonius ernst nimmt:

Brevity is the soul of wit

Kürze ist des Witzes Seele

Die folgenden Minifassungen sind geordnet nach Komödien, Historien und Tragödien, ganz wie im »First Folio« von 1623. Aber Komödien und Tragödien chronologisch, wie der Barde reifte, die Historien im geschichtlichen Zusammenhang.

Komödien

Die Komödie der Irrungen (The Comedy of Errors)
Zwillingsbrüder – als Kinder bei einem Schiffbruch getrennt – und ihre Zwillingsdiener finden nach vielen Verwechslungen sich und ihre Eltern wieder. Eine Warnung vor Identitätsverlust durch Klonen.

Die beiden Veroneser (The Two Gentlemen of Verona)
Zwei Freunde finden nach Irrungen und Intrigen ihre Frauen. Schwaches Früh-Stück des Dichters. Der unerzogene Hund des Dieners Lance kann für Stimmung sorgen.

Der Widerspenstigen Zähmung (The Taming of the Shrew)
Edelmann Petruchio heiratet und zähmt die störrische Katharina zum Gehorsam in seinen Launen und gewinnt

eine Wette. Offene Frage: Triumph eines Machos oder Schockheilung einer verklemmten Frau?

Verlorene Liebesmüh (Love's Labour's Lost)
Der König von Navarra und drei Freunde wollen drei Jahre alle Frauen meiden und nur studieren. Sie verlieben sich aber sofort in vier Besucherinnen. Moral: Frauenaugen können mehr lehren als Bücher.

Ein Sommernachtstraum (A Midsummer Night's Dream)
Verwirrend verträumte Begegnungen im Wald vor Hochzeit des Athener Königs mit der Amazonenkönigin. Zwei junge Paare finden sich. Oberon und Titania streiten und vertragen sich. Handwerker kommen als Laienspieler auf Schwung. Titania knutscht einen Esel.

Der Kaufmann von Venedig (The Merchant of Venice)
Kaufmann Antonio leiht vom Juden Shylock dreitausend Dukaten für die (erfolgreiche) Brautfahrt seines Freundes Bassanio zur schönen Portia. Als Advokat verkleidet, rettet sie Antonio, als Shylock ihm das Pfund Fleisch, leichtsinnig verpfändet, herausschneiden will.

Viel Lärm um Nichts (Much Ado about Nothing)
Zwei eingefleischte Singles (Glanzrollen) werden in Messina in die Ehe gelockt. Auch eine zweite Trauung gelingt nach Scheintod am Altar, weil die dümmliche Bürgerwehr eine böse Intrige aufdeckt.

Die lustigen Weiber von Windsor (The Merry Wives of Windsor)
Der dicke Ritter Falstaff nimmt in Windsor zwei Frauen zwecks Geld und Liebe aufs Korn. Er wird in Not und Pein gebracht. Angeblich ein Bestellstück Königin Elisabeths I.

Wie es euch gefällt (As You Like It)
Rosalind, vom Hof vertrieben, stößt mit Freundin Celia zu fröhlicher Waldgruppe, bringt Hobbyringer Orlando für die Liebe in Fahrt und mehrere Paare zusammen. Mo-

nolog des Melancholikers Jaques: Die ganze Welt ist eine Bühne ...*

Was ihr wollt (Twelfth Night or What You Will)
Die Zwillinge Viola und Sebastian, nach Schiffbruch an Land gespült, finden nach Verkleidungen und Verwechslungen ihre Ehepartner. Haushofmeister Malvolio, eine Glanzrolle in gelben Strümpfen, wird schlimm gefoppt. Ein Stück der Täuschungen und Selbsttäuschungen.

Ende gut, alles gut (All's Well That Ends Well)
Arzttochter Helena heilt den König von Frankreich, wählt sich als Honorar Graf Bertram zum Mann. Er flieht sie und ihr Bett. Sie folgt ihm und wird ihm per *bed-trick* untergeschoben.

Maß für Maß (Measure for Measure)
Statthalter Angelo sorgt im Wiener Lotterleben für *law and order.* Er verurteilt Claudio zum Tode, weil dessen Braut schwanger ist. Als er sich mit Isabella vergnügen will, die für ihren Bruder bittet, wird ihm per *bed-trick* seine verlassene Verlobte untergeschoben.

Das Wintermärchen (The Winter's Tale)
Grundloser Anfall von Eifersucht eines Königs zerreißt Familienidyll. Der Hausfreund flieht. Die Königin bricht vor Gericht zusammen. Ihre Tochter wird verschleppt. Ihr Sohn stirbt. Hofmann Camillo und Frau Pauline kitten vieles wieder zusammen.

Der Sturm (The Tempest)
Prospero, Herzog von Mailand, mit Tochter Miranda vertrieben, läßt zwölf Jahre später vor seiner Exil-Insel das Schiff seiner Gegner kentern, bessert einige charakterlich auf, schwört seiner Zauberkunst ab und kehrt heim.

* Vgl. S. 168/169

Kymbelin (Cymbeline)
Früher Zoff am britischen Königshof. Edelmann Posthumus verliert eine Wette an den vorgeblichen Verführer seiner Frau. Römer – auf Tribut-Invasion gegen König Kymbelin – unterliegen den Briten.

Perikles, Fürst von Tyros (Pericles, Prince of Tyre)
Odysseenotdrama des Kleinfürsten Perikles. Auf der Flucht vor einem Tyrannen verliert er Frau und Tochter und findet sie wieder. Frühe *soap-opera.*

Historien

König Johann (King John)
Krieg und Machtkampf im 13. Jahrhundert. König Johann gegen Frankreich, Päpste und Neffen Artur, den rechtmäßigen Erben. Artur entgeht den Mördern des Königs, aber nach seinem Unfalltod trifft den König doch der Fluch der Tat.

König Richard II. (King Richard II)
Machtkampf im England des 15. Jahrhunderts. Richard II. wird im Gefängnis umgebracht. Das Haus Lancaster gewinnt die Oberhand und England eine insulare Perspektive als »Kleinod in der Silbersee«.*

König Heinrich IV. (King Henry IV)
Heinrich IV. begründet das Königshaus Lancaster; mit Legitimationszweifeln. Sein Sohn, Prinz Hal, sammelt in der Bande John Falstaffs Lebenserfahrung und probiert schon mal die Krone auf.

König Heinrich V. (King Henry V)
Der von Shakespeare idealisierte König schreibt mit seinem Sieg bei Agincourt (1415) ein Ruhmesblatt englischer Geschichte und gewinnt die Hand der französischen Königstochter Katharina; auf »Franglais«.

* Vgl. S. 174

König Heinrich VI. (Teil 1, 2, 3) (King Henry VI, Part I, II, III)
Ein lockeres Episodenwerk aus der Zeit der Jean d'Arc, der »Rosenkriege« des britischen Adels, der Bürgeraufstände. Wie viele Prominente wird Heinrich VI. im Tower ermordet.

König Richard III. (King Richard III)
Auf einer breiten Blutspur kommt der verkrüppelte Richard III. aus dem Hause York an die Macht; bei Shakespeare noch bösartiger als in Wirklichkeit.

König Heinrich VIII. (King Henry VIII)
Intrigenspiele und Staatsszenen am Hof. Der König bricht mit seiner Frau Katharina (und dem Papst) und wendet sich Anna Bullen zu. Die Taufe seiner Tochter, später Elisabeth I., signalisiert eine neue Zeit – Shakespeares Zeit.

Tragödien

Romeo und Julia (Romeo and Juliet)
Klassische Liebestragödie aus Verona. Romeo und Julia gehen an der Feindschaft ihrer Familien Montague und Capulet zugrunde. Happy-End-Strategie des Mönches Lorenzo mißlingt.

Julius Cäsar (Julius Caesar)
Republikanische Verschwörer unter Führung von Brutus ermorden Cäsar. Dessen Freund Mark Anton wiegelt mit einer Meisterrede das Volk auf, wendet das Schicksal Roms und besiegt die Verschwörer bei Philippi.

Hamlet (Hamlet, Prince of Denmark)
Dänenprinz Hamlet, vom Geist seines Vaters aufgerufen, die Ermordung durch den Bruder zu rächen, zweifelt, zögert und zitiert Großes, bis im großen Finale (fast) alle durch Degen und Gift zugrunde gehen und Dänemark an Norwegen fällt.

Troilus und Cressida (Troilus and Cressida)
Die verkorkste Liebe von Trojanerprinz Troilus und Cressida im verkorksten Getümmel um die schöne Helena. Oder wie Shakespeare den Trojanischen Krieg sah; durch die Augen des Zynikers Thersites als bittere Satire.

Othello (Othello, the Moor of Venice)
Mohren-General Othello, ein Fremdling in venezianischen Diensten, wird von seinem Fähnrich Jago auf Zypern in grundlose Eifersucht gegen seine Frau Desdemona getrieben. Er erwürgt sie und begeht Selbstmord.

König Lear (King Lear)
In einer schwarzen Tragödie um Sein und Schein gibt König Lear zwei schmeichelnden, herzensbösen Töchtern sein Reich und sich selbst in die Hand. Er versinkt aus seniler Verrücktheit in tiefen Wahnsinn und stirbt, die enterbte Lieblingstochter Cordelia tot in den Armen.

Macbeth (Macbeth)
Der Schotte Macbeth, von Hexensprüchen und seiner ehrgeizigen Frau getrieben, ermordet König Duncan, regiert brutal und fällt, als die Hexensprüche wie virtuelle Realitäten auf ihn losgehen: Ein Wald marschiert, sein Finalgegner wurde nicht vom Weibe geboren.

Antonius und Kleopatra (Anthony and Cleopatra)
Antonius, Sieger über die Cäsar-Mörder, verfällt in Ägypten dem Charme der Königin Kleopatra. In zwei Seeschlachten vom römischen Triumvirat besiegt, begehen sie Selbstmord. Er mit dem Schwert, sie mit Schlangengift.

Coriolan (Corialanus)
Ein römischer Kriegsheld verstolpert sich so in Mutterbindung und Arroganz, daß er nicht zum Konsul gewählt, sondern aus der Stadt gejagt wird. Zur Rache rückt er mit dem Nachbarvolk der Volksker an und wird von ihnen umgebracht, als er Rom doch schont.

Timon von Athen (Timon of Athens)
Der Athener Timon bewirtet und beschenkt jedermann maßlos. Er geht bankrott. Keiner hilft. Seine maßlose Freundlichkeit schlägt in maßlosen Menschenhaß um. Zufällig gefundenes Gold investiert er in Rache an Athen. Die Stadt übersteht es, er stirbt einsam.

Titus Andronicus (Titus Andronicus)
Römer-Feldherr läßt einen Sohn der gefangenen Gotenkönigin Tamora umbringen. Sie rächt sich (nach Heirat mit dem römischen Kaiser) an den Söhnen des Titus, dieser zerstückelt ihre beiden letzten Söhne und setzt sie ihr zum Dinner vor.

Epen und Sonette

Viel wichtiger als die tägliche Brotarbeit an den Dramen waren für Shakespeare seine Epen »Venus und Adonis« und »Der Raub der Lucretia«. Mit seiner poetischen Fassung bekannter Mythen wollte Shakespeare in den Jahren 1592 bis 1594 – er war Ende Zwanzig und das Theater wegen der Pest geschlossen – Ansehen und einen Mäzen gewinnen. Deshalb überwachte er sorgfältig den Druck, sicherte seine Autorenschaft und widmete die Epen mit untertänigen Wendungen dem jungen Grafen von Southampton.

Im ersten Epos bedrängt Venus mit allen Künsten liebevoller Verführung den wunderschönen jungen Adonis. Er will nicht.

Sie rot und heiß wie Kohlen recht im Feuer,
Er rot vor Scham, allein ein frost'ger Freier.

Er will zur Jagd. Er geht und wird vom wilden Eber niedergemacht. Venus trauert tief und flucht der Liebe, die Adonis nicht erhalten konnte.
Für »The Rape of Lucretia« hat sich auf Deutsch der verharmlosende Titel »Der Raub der Lucretia« eingebürgert; es handelt sich eindeutig um eine Vergewaltigung,

mit der Tarquin, ein römischer Königssohn, die Frau seines Freundes Collatin entehrt. Lucretia bringt sich um. Tarquin wird auf ewig aus Rom verbannt.

Beide Epen sind voller poetischer Reflexionen über Leben, Liebe und Tod, Lust, Schuld und Sühne – bald locker, ironisch, bald melancholisch, traurig, in tiefem Ernst. Ein Vortrag durch gute Schauspieler – »Venus und Adonis« als Ein-Personen-Stück mit zwei Rollen und dem Wiehern liebestoller Pferde – kann ein ansprechendes Erlebnis sein.

Ebenso der Vortrag vieler der einhundertvierundfünfzig Sonette; wie des vielzitierten Sonetts 18

Soll ich dich einem Sommertag vergleichen …

in deutscher Übersetzung* oder im Original. Die tragenden Personen der Sonette – Dichter, junger Freund und zweifelhafte Dame – haben viel Rätselraten ausgelöst: Ist Shakespeare dieser Dichter? Und wer sind die beiden anderen Personen?

* Allein zum Sonett 66 wurden achtundachtzig deutsche Variationen zusammengetragen. Ulrich Erckenbrecht, Shakespeare Sechsundsechzig, Göttingen 1996

Sag's mit Shakespeare

Über 100 treffende Zitate

Kronjuwelen und Perlen

Shakespeares Werke sind eine eigene Welt: Land und Meer, wo es in kunstvollen Strukturen der Dramen und in Strömen der Handlungen oft Juwelen und Perlen zu entdecken gibt. Oder ganz prosaisch gesagt: In den rund einhundertfünftausend Zeilen seiner Dramen, dazu über fünftausend Zeilen Epen und Sonette, stecken goldene Worte und große Weisheiten. Monologe wie »Die ganze Welt ist eine Bühne …« und »Sein oder Nichtsein …«, die als englische Kronjuwelen zum abendländischen Kulturschatz gehören, und treffende Wendungen, die im Alltag nützlich sein können: »Wer hastig läuft, der stolpert leicht« oder »Wer Besseres sucht, kann Gutes oft zerstören«.

Es lohnt sich, solche Juwelen und Perlen aufzunehmen. Man kann sich daran freuen, darüber meditieren, daraus lernen und manche Zitate locker ins Gespräch oder in eine Rede einflechten. Wer Shakespeare zitiert, findet leichter Gehör. Wer wollte schon mit dem Barden streiten, dem größten Dramatiker aller Zeiten?

Shakespeares letztes Drama »Der Sturm« hat sich für Literaten als besonders guter Fischgrund erwiesen. Mancher fand dort seinen Buchtitel. Aldous Huxley schon 1932 »Brave New World« (Schöne – oder besser – wackre neue Welt) als ironisierenden Titel seiner Darstellung der Scheußlichkeit einer Welt, in der Menschen nach Kategorien gezüchtet werden; mit dem Vormarsch des Klonens hat das Buch neue Aktualität erlangt. Johannes Mario Simmel holte sich als Titel »Der Stoff, aus dem die Träume sind« für seinen Drogen-Roman. Der spanische Erfolgsautor Javier Marías angelt ständig bei Shakespeare und seinen Unholden. Erst fand er »Mein Herz so weiß« in »Macbeth«, dann »Morgen in der Schlacht, denk an mich« in »Richard III.«. Seine Arbeitsweise, das Ausbreiten und Verflechten von Erinnerungen, orientiert sich an einem Wort Prosperos im »Sturm«, der im Gespräch mit seiner Tochter Miranda versucht, ihre Erinnerungen aus »the dark backward and abysm of time«, vom dunklen Rücken und Abgrund der Zeit, zutage zu fördern.

Man spürt: Auf Shakespeare, auch wenn er dunkel klingt, ist Verlaß. Und seine Perlen sind ständig im Umlauf. Viele aus »Hamlet«, am bekanntesten und oft zitiert:*

To be or not to be: that is the question

Sein oder Nichtsein, das ist hier die Frage

(Hamlet III/1)

Der Dänenprinz brütet, ob man sich dem Schicksal entgegenstemmen oder aufgeben soll – sterben. Selbstmord? Das wäre gegen Gottes Gebot. Und so seufzt Hamlet:

O, that this too solid flesh would melt,
Thaw and resolve itself into a dew!

Der gleiche Seufzer entringt sich heute manchem, der zur Kur mit Diät und Fango fährt oder auch nur auf die Waage im Badezimmer geht:

O schmölz doch dies allzu feste Fleisch,
Zerging und löst in einen Tau sich auf!

(Hamlet I/2)

Wenigstens ein paar Kilo, dann wäre das Leben leichter. Aber darf man so locker mit Shakespeares Juwelen umgehen, verzweifeltes Stöhnen ins Komische wenden? Man kann – wenn man kann und andererseits Respekt vor dem Pathos hat:

The time is out of joint: O cursed spite,
That ever I was born to set it right!

Die Zeit ist aus den Fugen; Schmach und Gram,
Daß ich zur Welt, sie einzurichten, kam.

(Hamlet I/5)

»Hamlet« war und bleibt unter Deutschen besonders po-

* Die Fundstellen sind in Kurzform gekennzeichnet, z. B.: Die beiden Veroneser, II. Akt, 3. Szene = Veroneser II/3

pulär. Deshalb sind viele Worte aus der Tragödie in den deutschen Zitatenschatz aufgenommen worden.

Frailty, thy name is woman!

Schwachheit, dein Name ist Weib!

(Hamlet I/2)

He was a man, take him for all in all

Er war ein Mann, nehmt alles nur in allem

(Hamlet I/2)

Something is rotten in the state of Denmark

Etwas ist faul im Staate Dänemark

(Hamlet I/4)

But, soft! methinks I scent the morning air

Mich dünkt, ich witt're Morgenluft

(Hamlet I/5)

There are more things in heaven and earth, (Horatio,)
Then are dreamt of in our philosophy

Es gibt mehr Dinge im Himmel und auf Erden
Als uns're Schulweisheit sich träumen läßt

(Hamlet I/5)

More matter, with less art

Mehr Inhalt, weniger Kunst

(Hamlet II/2)

Though this be madness, yet there is method in 't

Ist dies auch Wahnsinn, so hat es doch Methode

(Hamlet II/2)

The rest is silence

Der Rest ist Schweigen

(Hamlet V/2)

Aus ganz anderem Holz geschnitzt als der Dänenprinz ist der dicke, weinselige Ritter Falstaff. Ihn hält nicht intellektueller Zweifel zurück, sondern instinktive Feigheit. Dem Kampfgetümmel bleibt er möglichst fern, in Lebensgefahr stellt er sich tot, immer nach seinem Motto:

The better part of valour is discretion

Der bessere Teil der Tapferkeit ist Vorsicht
(Heinrich IV., Teil 1; V/4)

Noch präziser formuliert Falstaff sein lebenslustiges Motto so:

To the letter end of the fray, and the beginning of a feast,
Fits a dull fighter, and a keen guest

Am Schluß zum Gefecht und zu Beginn zu den Festen,
Das gefällt trägen Streitern und eifrigen Gästen
(Heinrich IV., Teil 1; IV/2)

In »Julius Cäsar« geht es um Kernfragen des Managements. Wen soll der Topmanager um sich haben? Junge Burschen, hart und hungrig, *lean and hungry,* mit scharfem Blick, die gut nachdenken können? Cäsar ist anderer Meinung:

Let me have men about me that are fat;
Sleek-headed men, and such as sleep o'nights

Laßt wohlbeleibte Männer um mich sein,
Mit kahlen Köpfen, die nachts gut schlafen
(Cäsar I/2)

Eine entscheidende Frage für jeden Menschen, besonders für einen Staatsmann und Topmanager, ist: Wann ist der richtige Zeitpunkt zur Aktion? Für einen Werbefeldzug, für ein Übernahmeangebot? Und wie kann ich meine Leute überzeugen, daß es jetzt losgehen muß? Dazu finden sich vielzitierte Zeilen in »Julius Cäsar«:

There is a tide in the affairs of men,
Which, taken at the flood, leads on to fortune;
Omitted, all the voyage of their life
Is bound in shallows and in miseries.
On such a full sea are we now afloat;

And we must take the current when it serves,
Or lose our ventures.

Es gibt Gezeiten in der Menschen Treiben:
Nutzt man die Flut, so trägt sie uns zum Glück;
Versäumt man sie, so führt die ganze Lebensreise
Zur seichten Sandbank und zum Unglück.
Wir sind nun flott auf solcher hohen See
Und müssen, wenn der Strom uns hebt, ihn nutzen,
Oder uns're Sache ist verloren.

(Cäsar IV/3)

John F. Kennedy hat das zitiert. Helmut Schmidt hat das zitiert. In Reden, mit gehobener Stimme. Viele haben das zitiert – haben ihr Boot vom Ufer losgemacht, um die Flut zu nutzen. Kaum einer hat daran gedacht, daß Brutus zitiert wird: vor der Schlacht von Philippi, mit den Worten, mit denen er sich über den taktisch klügeren Gefährten Cassius hinwegsetzte – und daß er Schlacht und Leben verlor. Er hatte die Flut gegen sich, das Heer des Oktavian und dazu noch Cäsars quälenden Geist.

Wer mit fremden Perlen glänzen möchte, sollte genau wissen, wo sie herkommen. Herkunftssicherheit und gute Fassung sind wichtig im Schmuckgeschäft. Sonst riskiert man, daß sich in einer Debatte, kaum sind die berühmten Worte gefallen, ein Kenner erhebt und sagt: »Das waren die Worte des Brutus! Sollen wir, wie er, in eine verlorene Schlacht ziehen?«

Auch Schurken wie Richard III. oder Jago fallen nicht selten goldene Worte ein.

Das nachfolgende Angebot umfaßt einige von Shakespeares Juwelen: die großartigen Vorträge über die Welt als Bühne, über das Wesen der Gnade, über Sein oder Nichtsein, über das Kleinod in der Silbersee. Dann Perlen in größerer Fülle. Manche scheinen wie speziell für Manager bestimmt, die viel Einsicht in politische, wirtschaftliche und allgemein gesellschaftliche Abläufe brauchen: eine Warnung, einen Rat, auch Trost.

Da findet sich Passendes für viele Gelegenheiten: um

die Gedanken kreisen zu lassen, um es in eine Rede oder in einen Brief einzuflechten. Wer Freude daran hat, sucht weiter nach Juwelen und Perlen gemäß eigenem Geschmack. Das Reservoir ist noch längst nicht ausgeschöpft.

All the World's a Stage
(As You Like It II/7)

JAQUES: *All the world's a stage,*
And all the men and women merely players:
They have their exits and their entrances;
And one man in his time plays many parts,
His acts being seven ages. At first the infant,
Mewling and puking in the nurse's arms.
Then the whining school-boy, with his satchel
And shining morning face, creeping like snail
Unwillingly to school. And then the lover,
Sighing like furnace, with a woeful ballad
Made to his mistress' eyebrow. Then a soldier,
Full of strange oaths, and bearded like the pard,
Jealous in honour, sudden and quick in quarrel,
Seeking the bubble reputation
Even in the cannon's mouth. And then the justice,
In fair round belly with good capon lined,
With eyes severe and beard of formal cut,
Full of wise saws and modern instances;
And so he plays his part. The sixth age shifts
Into the lean and slipper'd pantaloon,
With spectacles on nose and pouch on side,
His youthful hose, well saved, a world too wide
For his shrunk shank; and his big manly voice,
Turning again toward childish treble, pipes
And whistles in his sound. Last scene of all,
That ends this strange eventful history,
Is second childishness and mere oblivion,
Sans teeth, sans eyes, sans taste, sans everything.

Die Welt als Bühne
Monolog eines Melancholikers
(Wie es euch gefällt II/7)

JAQUES: *Die ganze Welt ist eine Bühne,*
Und alle Männer und Frauen sind nur Spieler.
Die haben ihren Abgang, ihren Auftritt;
Und mit der Zeit spielt ein Mann viele Rollen,
Denn seine Akte sind die sieben Alter.
Erst Kind, das weint und spuckt im Arm der Pflegerin,
Dann Schuljunge, noch weinerlich, mit seinem
Ranzen und glatten Morgenwangen, kriechend
Wie eine Schnecke unwillig zur Schule.
Und der Verliebte dann, der seufzt, als wär er
Ein Ofen, und ein jammervolles Liedchen
Auf seiner Liebsten Augen singt. Und dann
Kommt der Soldat voll niegehörter Flüche
Bärtig gleich einem Pardel, eifersüchtig
Auf seine Ehre, schnell zum Streit bereit.
Er sucht die Seifenblase seines Ruhmes
Selbst im Kanonenmund. – Und dann der Richter
Mit rundem Bauch, gut mit Kapaun gefüllt,
Mit strengem Blick und mit gepflegtem Bart,
Voll alter Sprüche, neuer Beispiele;
So spielt er seine Rolle. – Sechstes Alter:
Der Pantalon, hager, in Schlappen, auf der
Nase die Brille, Beutel ihm zur Seit',
Die Hose ist noch gut, doch viel zu weit
Für die verschrumpften Lenden. Und die Stimme,
Die tief und männlich war, wendet sich wieder
Zum kindischen Diskant und pfeift und quiekt
Bei jedem Wort. Die letzte Szene endlich,
Die diese seltsame Geschichte abschließt,
Ist zweite Kindheit und dann nur Vergessen,
Ohn' Augen, Zähne, Zunge, ohne alles.

(Übersetzung: Erich Fried)

Quality of Mercy
(The Merchant of Venice IV/1)

PORTIA: *The quality of mercy is not strain'd,*
It droppeth as the gentle rain from heaven
Upon the place beneath: it is twice blest;
It blesseth him that gives and him that takes:
'Tis mightiest in the mightiest: it becomes
The throned monarch better than his crown;
His sceptre shows the force of temporal power,
The attribute to awe and majesty,
Wherein doth sit the dread and fear of kings;
But mercy is above this sceptred sway,
It is enthroned in the hearts of kings,
It is an attribute to God himself,
And earthly power doth then show likest God's
When mercy seasons justice. Therefore, Jew,
Though justice be thy plea, consider this,
That in the course of justice none of us
Should see salvation: we do pray for mercy;
And that same prayer doth teach us all to render
The deeds of mercy.

Segen der Gnade
Rede der Portia vor Gericht
(Der Kaufmann von Venedig IV/1)

PORTIA: *Der Gnade Wesen ruht auf keinem Zwang.*
Sie fällt vom Himmel wie der sanfte Regen
Zur Erde unter ihr, zweifach gesegnet.
Sie segnet ihn, der gibt, und ihn, der nimmt;
Am mächtigsten im Mächtigsten: sie schmückt
Den Herrscher auf dem Thron mehr als die Krone.
Sein Zepter zeigt die weltliche Gewalt,
In ihm wohnt Ehrfurcht und wohnt Majestät,
Worin die Furcht und Scheu vor Königen liegt:
Doch Gnade steht über der Macht des Zepters.
Ihr Thron ist in der Könige Herz errichtet,
In ihr wohnt Gottes Wesen selbst; und dann nur
Zeigt irdische Macht sich Gott am ähnlichsten,
Wenn Gnade tritt zum Recht. Und darum, Jude,
Ob auch dein Anspruch Recht ist, so bedenke,
Daß, ging es nur nach Recht, von uns nicht einer
Erlösung fänd: Drum beten wir um Gnade,
Und dies Gebet muß uns auch alle lehren,
Gnade zu üben.

(Übersetzung: Erich Fried)

To Be, or Not to Be
(Hamlet III/1)

HAMLET: *To be, or not to be: that is the question:*
Whether 'tis nobler in the mind to suffer
The slings and arrows of outrageous fortune,
Or to take arms against a sea of troubles,
And by opposing end them. To die, – to sleep, –
No more; and by a sleep to say we end
The heart-ache, and the thousand natural shocks
That flesh is heir to, 'tis a consummation
Devoutly to be wished. To die, – to sleep; –
To sleep! perchance to dream! ay, there's the rub;
For in that sleep of death what dreams may come,
When we have shuffled off this mortal coil,
Must give us pause: there's the respect
That makes calamity of so long life;
For who would bear the whips and scorns of time,
The oppressor's wrong, the proud man's contumely,
The pangs of desprized love, the law's delay,
The insolence of office, and the spurns
That patient merit of the unworthy takes,
When he himself might his quietus make
With a bare bodkin? who would fardels bear,
To grunt and sweat under a weary life,
But that the dread of something after death,
The undiscovered country from whose bourn
No traveller returns, puzzles the will,
And makes us rather bear those ills we have
Than fly to others that we know not of?
Thus conscience does make cowards of us all,
And thus the native hue of resolution
Is sicklied o'er with the pale cast of thought,
And enterprises of great pitch and moment
With this regard their currents turn awry,
And lose the name of action.

Sein oder Nichtsein
Hamlets Zweifelsfrage
(Hamlet III/1)

HAMLET: *Sein oder Nichtsein, das ist hier die Frage:*
Ob's edler im Gemüt, die Pfeil' und Schleudern
Des wütenden Geschicks erdulden, oder,
Sich waffnend gegen eine See von Plagen,
Im Widerstand zu enden. Sterben – schlafen –
Nichts weiter! – und zu wissen, daß ein Schlaf
Das Herzweh und die tausend Stöße endet,
Die unsers Fleisches Erbteil – 's ist ein Ziel,
Aufs innigste zu wünschen. Sterben – schlafen –
Schlafen! Vielleicht auch träumen! – Ja, da liegt's:
Was in dem Schlaf für Träume kommen mögen,
Wenn wir den Drang des Ird'schen abgeschüttelt,
Das zwingt uns stillzustehn. Das ist die Rücksicht,
Die Elend läßt zu hohen Jahren kommen.
Denn wer ertrüg' der Zeiten Spott und Geißel,
Des Mächt'gen Druck, des Stolzen Mißhandlungen,
Verschmähter Liebe Pein, des Rechtes Aufschub,
Den Übermut der Ämter und die Schmach,
Die Unwert schweigendem Verdienst erweist,
Wenn er sich selbst in Ruhstand setzen könnte
Mit einer Nadel bloß? Wer trüge Lasten
Und stöhnt' und schwitzte unter Lebensmüh'?
Nur daß die Furcht vor etwas nach dem Tod –
Das unentdeckte Land, von des Bezirk
Kein Wandrer wiederkehrt – den Willen irrt,
Daß wir die Übel, die wir haben, lieber
Ertragen, als zu unbekannten fliehn.
So macht Bewußtsein Feige aus uns allen;
Der angebornen Farbe der Entschließung
Wird des Gedankens Blässe angekränkelt;
Und Wagestücke hohen Flugs und Werts,
Durch diese Rücksicht aus der Bahn gelenkt,
Verlieren so der Handlung Namen.

(Übersetzung: August Wilhelm Schlegel)

Kleinod in der Silbersee
Würdigung Englands durch Johann von Gaunt
(Richard II., II/1)

This royal throne of kings, this scepter'd isle,
This earth of majesty, this seat of Mars,
This other Eden, demi-paradise;
This fortress built by Nature for herself
Against infection and the hand of war;
This happy breed of men, this little world;
This precious stone set in the silver sea,
Which serves it in the office of a wall,
Or as a moat defensive to a house,
Against the envy of less happier lands;
This blessed plot, this realm, this England.

Der Königsthron hier, dies gekrönte Eiland,
Dies Land der Majestät, der Sitz des Mars,
Dies zweite Eden, halbe Paradies,
Dies Bollwerk, das Natur für sich erbaut,
Der Ansteckung und Hand des Kriegs zu trotzen,
Dies Volk des Segens, diese kleine Welt,
Dies Kleinod, in die Silbersee gefaßt,
Die ihr den Dienst von einer Mauer leistet,
Von einem Graben, der das Haus verteidigt
Vor weniger beglückter Länder Neid;
Der segensvolle Fleck, dies Reich, dies England.

(Übersetzung: August Wilhelm Schlegel)

Shakespeare hatte viel Lebenserfahrung und gute Kenntnisse auf vielen Gebieten. Er kannte sich mit Blumen und Kräutern aus, mit der Jagd, mit Pferden und Waffen, mit der Medizin seiner Zeit und der Geschichte, während er die Geographie munter durcheinanderwirbelte und Böhmen ans Meer verlegte. Seine Metaphern holte er aus ganz unterschiedlichen Lebensbereichen – auch aus der Werkstatt seines Vaters, des Handschuhmachers:

> *Eine Redensart ist nur ein lederner Handschuh für einen witzigen Kopf: wie geschwind kann man die verkehrte Seite herauswinden.*
>
> *(Was ihr wollt III/1)*

Die Erfahrungen umzusetzen, die Metaphern einzusetzen, manchmal pathetisch, manchmal ganz beiläufig, aber immer wirkungsvoll – das ist gutes Management literarischer Produktion. Shakespeare war ein guter Manager. Nicht nur seiner Werke, auch des Theaters und seines privaten Vermögens. Deshalb klingt das, was seine Bühnengestalten an Einsichten und Versuchungen, an Warnungen und Rat für Manager vortragen, auch nach vierhundert Jahren noch aktuell und überzeugend. Und kann nützlicher sein als so manches, was modern aufgezwirbelt wird.

Einsichten für Manager

> *Wenn Männer alles wagen, tun sie's,*
> *Weil sie auf köstlichen Vorteil hoffen.*
>
> *(Kaufmann II/7)*

> *Man achtet kleiner Hunde Murren nicht,*
> *Doch Große zittern, wenn der Löwe brüllt.*
>
> *(Heinrich VI., Teil 2; III/1)*

> *Jeder Mensch hat ja Geschäft und Neigung.*
>
> *(Hamlet I/5)*

Vergnügen und Geschäft verkürzt die Stunden.
(Othello II/3)

Zu den Geschäften, die wir gern tun,
Stehn wir früh auf und gehn mit Freude dran.
(Antonius IV/4)

Das ist der Fluch in unserem Dienst:
Beförderung geht nach Protektion und Laune.
(Othello I/1)

Weil ich noch ein Bettler, will ich schelten
Und sagen, Reichtum sei die einz'ge Sünde!
Und bin ich reich, spricht meine Tugend frei:
Kein Laster gab es außer Betteln!
(Johann II/2)

Ist's verloren,
Dann unterschätzen wir den Preis,
Dann erkennen wir den Wert,
Den uns Besitz mißachten ließ.
(Viel Lärm III/5)

Was Große tun,
Beschwatzen gern die Kleinen.
(Was ihr wollt I/2)

Wenn er so fröhlich aussieht,
Hat er entweder Alkohol im Kopf
Oder Geld in der Tasche.
(Lustige Weiber II/2)

Piraten können Beute billig bieten.
(Heinrich VI., Teil 2; I/1)

Vorteil ist ein besserer Soldat als Übereilung.
(Heinrich V., III/4)

Ah, daß Betrug so edle Form sich anmaßt.
(Richard III., II/2)

Erfahrung wird durch Fleiß und Müh erlangt
Und durch den raschen Lauf der Zeit gereift.
(Veroneser I/2)

Auch wenn es nur ein Schaukampf ist,
Prägt diese Probe öffentliche Meinung.

(Troilus I/3)

Wer dürfte davon ausgehen,
Das Glück zu täuschen,
Ehren zu erlangen,
Ohne den Stempel des Verdiensts?

(Kaufmann II/9)

Rat für Manager

Es bezeugt stets die Vortrefflichkeit,
Die eigene Perfektion tarnend zu maskieren.

(Viel Lärm II/3)

Der Adler duldet kleiner Vögel Sang
Und sorgt sich nicht, was es bedeuten soll.

(Titus IV/4)

Wer ein Dossier besitzt, was Herrscher so alles tun,
Ist sicherer, wenn er's verschlossen hält, als wenn
Er's zeigt.

(Perikles I/1)

Ein kluger Bursche und mit gutem Urteilsvermögen,
Der, als er gefragt wurde, was er vom Herrscher haben möchte, sich wünschte, keines seiner Geheimnisse zu kennen.

(Perikles I/3)

Himmel hilf, daß Herrscher ihre Ohren nicht verschließen,
benennt man ihre verborg'nen Fehler.

(Perikles I/2)

Laßt uns die Zeit nicht mit harten Konferenzen vergeuden.
Nicht eine Minute unseres Lebens sollte sich ohne ein Vergnügen dehnen.

(Antonius I/1)

Zeigt wie ein Händler erst die schlechteste Ware, und glaubt, vielleicht verkauft sie sich; wo nicht, dann weist der Glanz der bess'ren, die noch zu zeigen ist, sie um so besser aus.

(Troilus I/3)

Füttert uns mit Lob, so dick wie lahme Enten!

(Wintermärchen I/2)

Am besten wahr' ich meine Ehre
Durch Belohnung meiner Untergeb'nen

(Liebes Leid III/1)

Glücklich sind, die erfahren,
Was man an ihnen aussetzt,
Und sich danach bessern können.

(Viel Lärm II/3)

Gib deiner Weisheit, nicht dem Zorn Gehör.

(Was ihr wollt IV/1)

Klage nicht, wo du nicht helfen kannst,
Und such' dem abzuhelfen, was du beklagst.

(Veroneser III/1)

Früh aufstehn lehr'n uns böse Nachbarn,
Das ist gesund und gute Wirtschaftsführung.

(Heinrich V, III/1)

Wenn wir bauen wollen,
Beschaun wir erst den Platz,
Ziehn einen Riß;
Und sehn wir die Gestalt des Hauses nun,
Dann müssen wir des Baues Aufwand schätzen.
Ergibt sich's, daß er über unsre Kräfte,
Was tun wir, als den Riß von Neuem ziehn,
Mit weniger Gemächern oder ganz abstehen
vom Bau?

(Heinrich IV., Teil 2; I/3)

Bleib stets bei Sinnen:
Laß dir bar bezahlen. –

Trau keinem:
Eide sind Spreu, und Treu
Und Glauben Brezeln!

(Heinrich V., II/3)

Beschwert Euch nicht mit den Gedanken
An das, was war.

(Sturm V/1)

Die Arbeit, die uns freut,
Wird zum Ergötzen.

(Macbeth II/3)

Das, was wir tun wollen, sollten wir gleich tun;
Sonst wird dies Sollen uns zum gönnerhaften Seufzer,
Der schmerzt, wenn wir uns damit erleichtern.

(Hamlet IV/1)

Erzwinge eher dir mit deinem Lächeln,
Als mit dem Schwert erhau'n.

(Timon V/4)

Wenn ein großes Rad einen Hügel hinabrollt,
dann laß los,
sonst reißt's dich mit und bricht dir das Genick.
Aber wenn's mit einem Großen bergauf geht,
dann laß dich nachziehen von ihm.

(Lear II/4)

Hab mehr als du zeigst,
Sprich weniger als du weißt,
Leih weniger als du schuldest.

(Lear I/4)

Alle Schwierigkeiten sind leichter,
Wenn man sie kennt.

(Maß für Maß IV/2)

Das Schlimmste fürchten,
Bannt gar oft das Schlimmste.

(Troilus III/2)

Versuchungen für Manager

Die Erde bietet mir nur eine Freude,
Die zu beherrschen, zu meistern, unterjochen,
Die bess're Ansehen haben als ich selbst.
(Heinrich VI., Teil III, III/2)

Mein Auftrag ist nicht,
Die Tat vernünftig zu erklären,
Doch sie zu tun.
(Perikles IV/1)

Seht, wie die Einbildungskraft aufbläht.
(Was ihr wollt II/5)

Ich will an Unmögliches mich wagen,
Ja, seiner Herr werden!
(Cäsar II/1)

Versuche nicht uns über unsere Kräfte.
(Johann V/5)

Ich tu die Tat
Und schrei als erster Zeter!
(Richard III., I/3)

Warnungen für Manager

Wer ist so fest, daß ihn nichts verführt?
(Cäsar I/2)

Laßt uns die Absicht nicht auf uns'ren Stirnen tragen.
(Cäsar II/1)

Wir hören dieses Wetter pfeifen und suchen keinen Schutz, ihm zu entgehn!
(Richard II., II/3)

Unsere ernsten Geschäfte schau'n schockiert auf dieses lock're Treiben.
(Antonius II/7)

Wer die schönste Show abzieht,
Plant die größte Täuschung.

(Perikles I/3)

Nicht besser birgt sich schwarze Schurkerei
Als hinter sanfter, glatter Schmeichelei.

(Perikles IV/4)

Wer sucht und nimmt nicht,
Wenn's ihm einmal angeboten,
Wird's niemals wieder finden.

(Antonius II/7)

Ihr zwingt mir eine Rolle auf,
Die ich nie natürlich spiele.

(Coriolan III/2)

Manchmal sind wir unsre eigenen Teufel und testen,
Wie zerbrechlich unsre Kräfte,
Voll Vertrauen auf ihre unwandelbare Stärke.

(Troilus IV/4)

Ein Stäubchen, die Verhandlung zu erschweren,
Macht er zum Berg.

(Troilus II/3)

Zu viel nur meinem eigenen Verdacht vertraut.

(Wintermärchen III/2)

Soviel zu wagen, solch Vertrau'n zu zeigen,
Ist nur der Kunst, wo nicht dem Wahnsinn eigen.

(Ende gut II/1)

Er jätets Korn und läßt das Unkraut wachsen.

(Liebes Leid I/1)

Die Größe ist mißbraucht,
Wenn sie Mitgefühl von Macht abtrennt.

(Cäsar II/1)

Es ist herrlich, Riesenkraft zu haben,
Aber tyrannisch, sie als Riese einzusetzen.

(Maß für Maß II/2)

Wem wirft der Löwe sanfte Blicke zu?
(Heinrich VI., Teil 3; II/2)

Die Größe, die du suchst,
Wird dich erdrücken.
(Heinrich IV., Teil 2; IV/4)

Wie oft bewirkt die Wahrnehmung der Mittel
Zu böser Tat, daß man sie böslich tut!
(Johann IV/2)

Nichts ist gewonnen, alles ist dahin,
Steh'n wir am Ziel mit unzufried'nem Sinn.
(Macbeth III/2)

O böser Rat, wie schnell fällst du den Menschen ein
in der Verzweiflung.
(Romeo V/1)

In Schwachen wirkt die Einbildung am stärksten.
(Hamlet III/4)

In solcher Zeit wie dieser,
Ist's falsch, jeden kleinen Fehler zu bekritteln.
(Cäsar IV/3)

Oft erwies sich schon
Die Demut als des frühen Ehrgeiz Leiter,
An die im Aufstieg man sich gerne hält,
Doch wer die höchste Sprosse kaum erreicht,
Dreht seinen Rücken zu der Leiter,
Schaut in die Wolken, schmäht die nied'ren
Sprossen,
Die ihn hinaufgebracht.
(Cäsar II/1)

Arm und zufrieden ist reich –
Und reich genug!
Doch aller Reichtum ist arm wie der Winter
Für den, der immer fürchtet,
Er wird arm sein.
(Othello III/3)

Wie ein Mann, den zwei Geschäfte drücken,
Steh ich und zög're, welches erst –
Und tu dann nicht eins.

(Hamlet III/3)

Borgen stumpft der Sparsamkeit die Schneide.

(Hamlet I/3)

Kein Borger sei, doch auch kein Geldverleiher.
Darlehen geh'n oft verloren samt dem Freund.

(Hamlet I/3)

Auf Erden gilt's als undankbar,
Nur mürrisch
Und widerwillig eine Schuld zu zahlen,
Die eine freundliche Hand freigebig lieh.

(Richard III., II/2)

Jetzt eben dies Vermögen noch,
Nun gar keins mehr?

(Kaufmann I/1)

Zeigt euch nicht kleinlich in den großen Plänen.

(Richard III., IV/4)

Die hoch stehen, kann mancher Windstoß rütteln,
Und fallen sie, so brechen sie in Stücke.

(Richard III., I/3)

Wo jedes Roß selbst seine Zügel nachschleift
Und seinen Lauf lenkt, wie' ihm gutdünkt,
glaub ich,
Will Furcht vor Schaden wie der Schaden selbst
Vermieden sein.

(Richard III., II/2)

Wer Hoffnung baut auf Luft freundlicher Blicke,
Lebt wie ein trunk'ner Seemann auf dem Mast,
Bereit, bei jedem Ruck, bei jedem Nicken
Zu stürzen in der Tiefe tödlichen Schoß.

(Richard III., III/4)

Jagd macht man eifriger,
Als man genießt.

(*Kaufmann II/1*)

Wer erst Kredit verliert,
Kommt schwerlich wieder auf.

(*Timon III/2*)

Wer euch dient für Gut und Geld
Und nur gehorcht zum Schein,
Packt ein, sobald der Regen fällt,
Läßt euch im Sturm allein.

(*Lear II/4*)

Oh wie der Falschheit äuß're Schale glänzt.

(*Kaufmann I/3*)

Das ist bei mir ein Fluch,
Daß ich nach Bösem Ausschau halt
Und daß
Mein Argwohn Fehler sieht,
Die gar nicht da sind.

(*Othello III/3*)

Wir müssen selbst uns lehren, Maß zu halten,
Daß unsre Feier nicht ein schlechtes Beispiel gibt.

(*Othello II/3*)

Trost für Manager

Manchmal kommt unser Unbedacht uns dort zustatten,
wo tiefer Plan mißglückt.

(*Hamlet V/2*)

Es ist das Schlimmste nicht,
So lang wir sagen können,
Daß es das Schlimmste sei.

(*Lear IV/1*)

Wer ganz unten ist, verstoßen ganz vom Glück,
Hat doch noch Hoffnung, lebt nicht in Furcht.

(Lear IV/1)

Wenn alle Tag im Jahr gefeiert würden,
So würde Spiel so lästig sein wie Arbeit.

(Heinrich IV., Teil I, I/2)

Rund um Shakespeare

Von Goethe empfohlen

Zwei Dichter, Dramatiker und disziplinierte Manager

Johann Wolfgang von Goethe war von Shakespeare beeindruckt. Er hat ihn bewundert. Er empfiehlt seine Werke. Aber aufstrebende Dichter hat er vor dem Barden gewarnt: »Er ist gar zu reich und gewaltig. Eine produktive Natur darf alle Jahre nur ein Stück von ihm lesen, wenn sie nicht an ihm zugrunde gehen will.«

Ihn selbst, sagt Goethe, habe die erste Seite, die er von Shakespeare las, diesem zeitlebens zu eigen gemacht. Er habe, als er mit dem ersten Stück fertig war, dagestanden »wie ein Blindgeborener, dem eine Wunderhand das Gesicht in einem Augenblick schenkt. Ich erkannte, ich fühlte aufs lebhafteste meine Existenz um eine Unendlichkeit erweitert …« Doch er ließ sich nicht erdrücken. »Ich tat wohl, daß ich durch meinen Götz von Berlichingen und Egmont ihn mir vom Halse schaffte.«

Was schätzte Goethe besonders an Shakespeare? Wie Shakespeare versuchte, in seinen Dramen das Wollen und Sollen der Menschen, die Freiheit und die Notwendigkeit, in sittlichen Einklang zu bringen. Und dann Shakespeares Menschen überhaupt. »Seine Menschen scheinen natürliche Menschen zu sein, und sie sind es doch nicht. Diese geheimnisvollsten und zusammengesetztesten Geschöpfe der Natur handeln vor uns in Stücken, als wenn sie Uhren wären, deren Zifferblatt und Gehäuse man von Kristall gebildet hätte; sie zeigen nach ihrer Bestimmung den Lauf der Stunden an, und man kann zugleich das Räder- und Federwerk erkennen, das sie treibt.«

Welche Stücke empfiehlt Goethe besonders? »Macbeth halte ich für Shakespeares bestes Theaterstück«, ließ Goethe 1825 Eckermann notieren. »Es ist darin der meiste Verstand in Bezug auf die Bühne. Wollen Sie aber seinen freien Geist erkennen, so lesen Sie Troilus und Cressida, wo er den Stoff der Ilias auf seine Weise behandelt.«

In unseren Tagen tippte Shakespeare-Interpret Jan Kott als bestes Stück auf »Othello«, und von Goethe hätte man erwartet, daß er »Romeo und Julia« nennen würde, ein Stück, das er neu bearbeitet hatte; oder noch eher »Hamlet«, das Stück, das er in seinem »Wilhelm Meister« ausführlich und wegweisend für die Theaterkritik analysierte. Sein Lob für »Macbeth« ist etwas überraschend, beschränkte sich aber auf das Bühnenstück – und für Goethe war Shakespeare kein Dramatiker, der sich gut auf die Bühne bringen ließ; zumindest nicht auf deutsche Bühnen.

Auch das überrascht. Denn in England und weltweit galt Shakespeare immer als ein Dramatiker, der stets, wenn er seine Stücke schrieb, die Bühne mit ihren Möglichkeiten vor Augen hatte und der manche Rolle auch einem Schauspieler auf den Leib schrieb. Aber die Vorstellungen in England und Deutschland waren unterschiedlich. Am Weimarer Hoftheater, wo Theaterdirektor Goethe es sich in Schillers »Wallensteins Lager« verbat, daß ein Landsknecht sich einen Schemel mit einer Hand unter seine Beine zog, mußte Shakespeares »Allotria« stören, über die im »Globe« die *groundlings* johlten. So ließ Goethe bei seiner Bearbeitung von »Romeo und Julia« von Mercutio und von Julias Amme nicht viel übrig. Friedrich von Schiller ging noch einen Schritt weiter. Er ersetzte in seiner Bearbeitung des »Macbeth« die groteske Pförtnerszene durch ein frommes Morgenlied.

Goethe hatte Shakespeare am liebsten, wenn er nicht auf der Bühne aufgeführt, sondern vorgelesen wurde. »Durch lebendige Worte wirkt Shakespeare, und dies läßt sich beim Vorlesen am besten überliefern; der Hörer wird nicht zerstreut, weder durch schickliche noch durch unschickliche Darstellung«, schreibt Goethe in »Shakespeare und kein Ende«. Und noch deutlicher als Empfehlung: »Es gibt keinen höhern Genuß und keinen reinern, als sich mit geschlossenen Augen durch eine natürlich richtige Stimme ein shakespearesches Stück nicht deklamieren, sondern rezitieren zu lassen.«

Das gilt bis heute für Epen und Sonette als guter Rat.

Die Dramen sieht man doch lieber auf der Bühne; sofern die Regisseure ihnen nicht zu viel Gewalt angetan haben.

Zwischen Shakespeare (1564–1616) und Goethe (1749–1832) liegen zwei ereignisreiche Jahrhunderte. Shakespeare war um 1600 auf der Höhe seiner Schaffenskraft, Goethe um 1800. Aber nicht nur Goethes Hochachtung für Shakespeare und dessen Genie überbrückt diesen Abstand. Es gibt – bei aller Unterschiedlichkeit von Herkunft und Habitus – auch Parallelen im Zuschnitt ihres Lebens. Beide verstanden sich nicht als Dachkammer-Poeten. Sie wußten mit ihrem Pfund zu wuchern. Sie waren beide, der Kleinbürgersohn Shakespeare und der Großbürgersohn Goethe, nicht so arm wie der mittelalterliche Sänger Walther von der Vogelweide, den der Februarfrost immer wieder in die Zehen biß und der jubelte, als er endlich eine sichere Lebensbasis erhielt: »Ich hân min lêhen …« Shakespeare und Goethe wußten für sich zu sorgen und wuchsen in ein gutes Leben hinein; der eine mehr selbständig, aber von Mäzenen unterstützt, der andere vom Herzog von Weimar großzügig ausgestattet.

Nach jugendlichen Verwirrungen, Shakespeares Frühehe und Goethes Flucht aus Sesenheim, machten sie zielstrebig Karriere. Der eine am Theater in der Weltstadt London, der andere als Dichter, Theaterdirektor und Minister in der kleinen Residenzstadt Weimar. Beide schafften sich Boden unter den Füßen: mit repräsentativen Häusern, der eine mit New Place, der andere am Frauenplan. Beide sahen sich und damit ihre Familien gern erhöht, der eine als *gentleman* mit Wappenschild, der andere als Freiherr. Aber keinem von ihnen gelang es, eine glückliche Familie aufzubauen und für kompetente Erben zu sorgen. Shakespeares Sohn Hamnet und Goethes Sohn August starben vor ihren Vätern. Judith Shakespeare hatte kein gutes Schicksal. Nur seine Tochter Susanne und Goethes Schwiegertochter Ottilie konnten ihren eigenen Weg aus dem schwierigen Umgang mit den Genies finden.

Besonders auffallend – und für ihre Werke von größter

Bedeutung – ist die Disziplin, mit der beide Dichter und Dramatiker arbeiteten. Anders hätten sie ihre genialen Anlagen nicht für ihre Zeit und für Jahrhunderte der Nachwelt sichtbar umsetzen können.

Beide hatten auch ihren großen Irrtum. Goethe war lange der Meinung, daß er vor allem mit seiner Farbenlehre, der Entdeckung des Zwischenkieferknochens und anderen naturwissenschaftlichen Forschungsergebnissen der Nachwelt in Erinnerung bleiben werde, bevor er sich nach 1800 mit dem »Faust« endgültig zum Dichterfürsten meißelte. Shakespeare wandte viel Sorgfalt auf seine Epen, auch noch auf die Sonette, während die Dramen als Stückwerk des Alltags fast nie von Anfang bis Ende durchkomponiert und der Nachwelt nicht als ein Guß des Meisters hinterlassen wurden. Das hatte seinen Grund im Zeitgeschmack. »Wer Theaterstücke zusammenschmierte«, urteilt heute der Shakespeare-Übersetzer Frank Günther über die damalige Zeit, »besaß eine soziale Wertschätzung wie jemand, der heute ›Police Academy‹ schreibt. Es ließ sich gut Geld damit verdienen.«

Heute ist Shakespeare weltweit als Dramatiker präsent. Auch die Sonette haben ihr bewunderndes Publikum. Die Epen sind am wenigsten bekannt.

Leben, Tod und großes Rätselraten

Die endlose Suche nach dem wahren Shakespeare

Die Daten sind klar und dokumentiert. »Guglielmus, filius Johannis Shakespeare«, am 26. April 1564 in der Holy Trinity Church zu Stratford getauft, also vermutlich am 23. April geboren, heiratete 1582 Anne Hathaway (acht Jahre älter und schwanger), hatte mit ihr drei Kinder, starb am 23. April 1616 in seinem Haus New Place in Stratford und wurde in der Trinity Church begraben. Das Taufregister, das Grab und eine Büste William Shakespeares sind dort zu besichtigen.

Von diesem, auch in weiteren Details gutdokumentierten Lebenslauf eines strebsamen Stratforder Bürgers, der in London in der Welt des Theaters tätig war, hebt sich ab, daß er siebenunddreißig Dramen, hunderteinundfünfzig Sonette und einige Epen schrieb und mit diesem Werk zum bedeutsamsten Dramatiker der Weltgeschichte wurde.

Wie paßt das zusammen: der Sohn eines analphabetischen Handschuhmachers aus einem Marktflecken in Warwickshire, ein Landjunge ohne akademische Bildung – der größte Theaterdichter? Shakespeare-Fans haben eine einfache Antwort: Er war ein Genie! Und dann gibt es auch eine Menge – mehr oder weniger – schlüssige Beweisstücke dafür, daß dieser Shakespeare aus Stratford in London tatsächlich zu dem Shakespeare wurde, der weltweit bewundert wird. Mancher Skeptiker aber ist bis heute mit diesen Nachweisen nicht zufrieden, sondern überzeugt, daß der Stratforder Shakespeare nur ein Strohmann für einen anderen war; etwa für einen Adligen, der sich aus Standesrücksicht nicht als *playwright,* als Stückemacher, enthüllen konnte: denn deren Ansehen war seinerzeit gering.

Mehr als fünfzig Männer und Frauen sind seit Shakespeare als der wahre Shakespeare benannt worden, darunter der Philosoph Francis Bacon und der Dramatiker

Christopher Marlowe. Obwohl er erst spät fürs Kandidatenrennen nominiert wurde, gilt bei Gegnern des »Stratforder Shakespeare« heute Edward de Vere, 17th Earl of Oxford, als Favorit. Sigmund Freud gehört zu seiner Fraktion. Die Theorie, dieser Graf sei der echte Shakespeare gewesen, wird gern mit der Spekulation gekrönt, der Earl of Southampton sei ein illegitimer Sohn Königin Elisabeths und ihres Favoriten, dieses Earl of Oxford, gewesen – so daß Shakespeares Sonette tatsächlich vom gräflichen Vater an seinen Sohn gerichtet gewesen wären.

Im Rätselraten um den wahren Shakespeare, das mit immer neuen Ideen, Recherchen und Büchern fortgeführt wird, mischen sich – wie in Shakespeares Werken – amüsante und tragische Episoden. Gelegentlich wird aus den unterschiedlichen Theorien fast ein Glaubenskrieg. Aber die meisten Shakespearianer bleiben gelassen und meinen: Ob Shakespeares Werke von Shakespeare oder einem Mann gleichen Namens geschrieben wurden, sei nicht so wichtig.

In diesem Rätselspiel haben auch unterschiedliche Shakespeare-Porträts, die Stratforder Büste am Grab – die eher einen zufriedenen Geschäftsmann als einen hochgeistigen Dichter zu zeigen scheint – und schließlich die »Darmstädter Totenmaske« ihre Rollen; die Maske soll ein Augenleiden als Todesursache des Dichters nachweisen. Keines der Porträts – schon gar nicht die Totenmaske mit der Gravur 1616 – kann als gesichert authentisch gelten. Die Büste wurde nachträglich angefertigt und bewacht das Grab gemeinsam mit dem Grabspruch, dessen Fluch bisher alle Exhumierungsversuche vereitelte. Die amerikanische Dichterin Delia Bacon, die 1853 nach England kam, um zu beweisen, daß Francis Bacon der wahre Shakespeare gewesen sei, ließ sich eines Nachts mit Schaufel und Kerze in der Trinity Church einschließen. Sie hat die Grabplatte aber dann doch nicht abgehoben. Delia Bacon starb 1859 in geistiger Umnachtung.

Shakespeares Leben und Werk

1564	Geburt (vermutlich 23. April) und Taufe (26. April) in Stratford
1582	Heirat mit Anne Hathaway. Geburt der Tochter Susanna
1582	Geburt der Zwillinge Hamnet und Judith
1587	Schauspielertruppen in Stratford. Zieht Shakespeare mit ihnen nach London?
1591	Shakespeares erstes Stück »Henry V« aufgeführt
1594	Gründung der Schauspielertruppe »The Lord Chamberlain's Company« (später »The King's Players«) mit Shakespeare
1596	Shakespeare schreibt »A Midsummer Night's Dream«, »King John«, »The Merchant of Venice«. Tod seines Sohnes Hamnet
1597	Shakespeare kauft sein Haus New Place in Stratford
1598	»Love's Labour's Lost« als erstes Shakespeare-Stück (Quarto-Ausgabe) veröffentlicht. Er tritt in einer Komödie von Ben Jonson auf
1599	»Julius Caesar«. Aufbau des »Globe«-Theaters
1601	»Hamlet«, »Twelfth Night or What You Will«
1604	»Othello«
1605	»King Lear«. Am 5. November Gun Powder Plot in London
1607	Susanna heiratet den Arzt Dr. Hall in Stratford
1608	Shakespeare Mitbegründer des »Blackfriars«-Theaters
1610	Rückkehr aus London nach Stratford
1611	»The Tempest«, »The Winter's Tale«
1613	Mitarbeit an »Henry VIII«. Am 29. Juni Brand des »Globe«
1616	Judith heiratet Thomas Quiney. Am 25. März unterzeichnet Shakespeare sein Testament. Er stirbt am 23. April (vermutlich sein 52. Geburtstag)
1623	Veröffentlichung des »First Folio« als erste Sammelausgabe von Shakespeares Dramen. Tod seiner Witwe

In alter Frische: The Globe

Shakespeare ist auch in London zu Hause

In Köln in den Frühzug steigen, unter dem Ärmelkanal hindurch nach London Waterloo Station, mit der U-Bahn weiter bis Mansion House, über die Southbank Bridge, nach rechts ein paar Schritte die Themse entlang und Platz nehmen in Shakespeares »Globe«, in dem er seine Stücke auf die Bühne brachte. Eine phantastische Vorstellung: Ein Sprung durch fast vier Jahrhunderte. Heute eine Realität – dank moderner Technik und zielbewußten Engagements, die zusammen Träume wahr machen können.

Zwei Träume, die gleichzeitig realisiert worden sind: ein Tunnel unter dem Kanal, der seit Jahrhunderten im Gespräch ist und der die britische Insel, die nun eigentlich keine Insel mehr ist, mit dem Kontinent verbindet. Und ein Theater, das Shakespeares Stücke wieder auf die Bühne bringt, wie sie zur Shakespeare-Zeit gespielt wurden.

Der Tunnelbau ging – als Frankreich und England das Projekt 1987 beschlossen hatten – zügiger voran als der Bau des neuen »Globe«, weil zwei Regierungen und eine Heerschar von Ingenieuren und Arbeitern den Tunnelbau vorantrieben. Das »Globe« war vor allem der Lebenstraum eines einzigen Mannes, des amerikanischen Schauspielers und Regisseurs Sam Wanamaker. Er kam in den fünfziger Jahren nach London und war entsetzt, wie wenig die Briten ihren Shakespeare ehrten oder sich um sein Erbe auf der Londoner Southbank kümmerten, im ehemaligen Vergnügungsviertel an der Themse. Wanamaker sammelte Geld, enorme Summen, kämpfte jahrzehntelang mit bürokratischen Verwaltungen und sozialistischen Wohnungsbauern und vor Gerichten, bis sein Traum – nach Plänen des Architekten Theo Crosby – endlich Boden unter die Füße bekam und Konturen gewann. Als im Oktober 1989 Bagger auf Ruinen des alten

»Globe« stießen, gewannen die Experten ein genaueres Bild von Shakespeares »hölzernem O«, dem Theaterrundbau für dreitausend Besucher. Unweit des Ruinenfunds entstand das neue »Globe«, in dem seit Juni 1997 gespielt wird.

Das alte Theater brannte 1613 ab, als in einer Vorstellung von »Heinrich VIII.« ein Salutschuß das Reetdach in Brand setzte. Das neue »Globe«, wieder eine Holzkonstruktion und mit Reet gedeckt, wurde sorgfältig gegen Brandgefahren gesichert. Zur Eröffnung gab es »Heinrich V.«.

Das neue Theater bietet fünfhundert Steh- und tausend Sitzplätze; weniger, aber bequemer als zur Shakespeare-Zeit. Man spielt wie damals bei Tageslicht, ab vierzehn Uhr, und praktisch ohne Bühnenbild. Ein Fetzen Stoff muß genügen, um das Publikum vom Thronsaal in London aufs Schlachtfeld von Agincourt zu befördern. Eine neue Erfahrung. In einer Zeit, in der alles durch moderne Medien visuell vorgezeichnet wird, ist wieder Phantasie gefragt: hören können, Sprache aufnehmen – und mit den Ohren sehen. Auch die Schauspieler – viele Prominente drängen zu der neuen Erfahrung des Barden – müssen sich umstellen: auf einer nackten Bühne ohne die ganze Fülle moderner Technik, die sonst im Theater – mehr noch in Film und Fernsehen – selbstverständlich ist. Und wie nebenbei begreift man, warum Prinz Hamlet, ehe er stirbt, dreimal »Oh-Oh-Oh« sagt, wie es in authentischen Texten steht: Er muß es nach rechts, nach vorn und nach links sagen, damit jeder im Publikum begreift, daß es nun mit ihm zu Ende geht.

Der Rest ist Schweigen.

Nicht nur im »Globe« unter freiem Himmel wird Shakespeare in London gespielt. Die Royal Shakespeare Company (RSC) aus Stratford hat ihre Saison im »Barbican Theatre«, in »The Pit«, in »The Young Vic«. In anderen Theatern der Stadt gehen ebenfalls immer Shakespeare-Stücke über die Bühne; oder Stücke, die sich an Shakespeare anlehnen, wie Tom Stoppards »Rosenkrantz and Guildenstern Are Dead«. Ein Blick auf die Theateranzeigen einer Tageszeitung dient als Wegweiser. Karten gibt es im Vorverkauf und an der Abendkasse in den Theatern und in vielen Agenturen. Ein Tip: Stark reduzierte Karten für Abendvorstellungen, die nicht ausverkauft sind, sind am jeweiligen Tag in speziellen Verkaufsbüros wie einem schlichten Container-Office auf dem Leicester Square erhältlich.

Shakespeares Städtchen: Stratford

Drei Theater, Dichterspuren und viel Umgebung

Stratford-upon-Avon ist einmalig: Ein Marktflecken mit nur zweiundzwanzigtausend Einwohnern, aber drei erstklassigen Theatern und schätzungsweise zweieinhalb Millionen Touristen im Jahr. Dort ist die beste Schauspieltruppe der Welt zu sehen: die Royal Shakespeare Company (RSC). Stratford ist kein Bayreuth. Keine Festspielstadt mit Weiheglanz und großer Garderobe. Alles geht seinen normalen Gang. Man kommt auch ohne Krawatte ins Theater. Am Markttag kommen die Bauern in die Stadt, das Vieh wird gegenüber dem Bahnhof aufgetrieben, und in den Kneipen kann man lange beim Bier sitzen. Die Ortszeitung »Stratford Herald« meldet getreulich, was in Stratford und Umgebung passiert. Auch, was in den Theatern gespielt wird. Aber das eher nebenbei.

Die Leute in Stratford wundern sich immer noch, daß dieser Will Shakespeare sie so berühmt gemacht hat. Sie machen das ganze Theater um Shakespeare gelassen mit. Sie freuen sich über die Touristen, die einen Hauch große Welt und Geld ins Städtchen bringen. Fürs Theater, für Hotels und Souvenir-Shops und für die vielen *bed & breakfast*-Pensionen. Und sie ärgern sich ein bißchen, wenn die Shakespeare-Fans in solchen Mengen durchmarschieren, daß man der guten Mrs. Smith auf der anderen Straßenseite beim Einkaufen kaum noch ein friedliches »Good morning« zurufen kann.

Die Touristen sind mit Sightseeing-Bussen – offene Doppeldecker – oder zu Fuß unterwegs. Sie besuchen William Shakespeares Geburtshaus in der Henley Street (neben dem Shakespeare Centre), die Holy Trinity Church, in der er getauft und begraben wurde, und Hall's Croft, wo seine Tochter Susanna mit ihrem Mann Dr. John Hall lebte, einem seinerzeit beliebten Arzt. Dann zu Nash's House, wo Enkelin Elizabeth lebte. Nebenan stand Shakespeares New Place. Heute ist das Grundstück eine Gartenanlage. Da kann man auf den Spuren des Dichters wandeln, auf einer Bank Platz nehmen, vielleicht mit frischen *fish & chips,* und sich ärgern, daß der letzte Besitzer das stattliche Haus abreißen ließ. Ihn hatten die neugierigen Touristen zu sehr geärgert. Dann noch ein Spaziergang zu Anne Hathaway's Cottage in Shottery, aus dem Shakespeares Frau kam, und mit Bus oder Bahn zu dem Bauernhaus der Ardens in Wilmcote, aus dem seine Mutter stammte.

Das ist eine interessante Tour. So kann man Stratford per Bus in wenigen Stunden abhaken – und hat doch das Beste versäumt, was Stratford zu bieten hat. Die Theater! Das »Royal Shakespeare Theatre« mit eintausendvierhundert Plätzen am Avon, wo man in den Pausen mit einem Drink auf der Terrasse stehen und den Booten und Schwänen auf dem Fluß nachschauen kann. Daneben das »Swan Theatre« aus dem Jahr 1986 mit vierhundertdreißig Plätzen, nach dem Vorbild des Londoner »Swan« aus dem 16. Jahrhundert, von einem Mäzen mit vier Millionen Mark unter der Bedingung finanziert, daß er auf immer anonym bleibt. Schließlich »The Other Place«, eine Studiobühne, wo »Julius Cäsar« schon mal mitten im Publikum gespielt wurde. Überall gibt es jeden Abend – und auch als Matinee – großartiges Theater. Viel Shakespeare. Aber auch Zeitgenossen wie Ben Jonson und moderne Stücke.

Besucher vom Kontinent erreichen Stratford vom Birmingham International Airport (dreißig Minuten mit dem Auto) oder häufiger von London aus mit Bus oder Bahn (ab Paddington) über Oxford und Leamington Spa.

Die Strecke führt an Warwick Castle vorbei, einer wichtigen Festung, die als schönstes mittelalterliches Schloß Englands gilt. Warwickshire, die ganze Umgebung von Shakespeares Stratford, ist englisches Herzland mit Burgen, *stately homes* und malerischen Dörfern der Cotswolds: reetgedeckte Häuser, bunte Bauerngärten und urige Gastwirtschaften. Auch Ragley Hall, die Töpferstädte von Staffordshire (Stoke-on-Trend), wo das Wedgewood-Porzellan entsteht, und Coventry mit der Versöhnungskathedrale sind nicht weit.

Informationen und Buchung:

- British Tourist Authority
  Taunusstr. 52–60, 60329 Frankfurt
  Tel. 0 69/2 38 07 11;
  Fax 0 69/2 38 07 17
- Stratford Tourist Information Bridgefoot,
  Stratford-upon-Avon, CV37 6GW
  Tel. 0 17 89/29 31 27
- Royal Shakespeare Theatre
  Stratford-upon-Avon, CV37 6BB
  Ticket-Auskunft: 0 17 89/41 26 66
  Buchungsbüro Tel.: 0 17 89/29 56 23
  Fax: 0 17 89/26 19 74

In Theater, Film, Buch und Internet

Multimedialer Shakespeare hält mit der Technik Schritt

Shakespeare ist multimedial. Die Spannweite des Barden reicht von Aufführungen im elisabethanischen Stil von anno 1600 im Londoner »Globe« über eine Fülle höchst unterschiedlicher Aufführungen in aller Welt, über Filme und Videos, Tonbänder und CDs bis zum Internet, wo Shakespeare mit wachsender Datenfülle gut vertreten ist; sein »Hamlet« allein hatte 1998 schon drei Home Pages. Und mittendrin als ruhender Pol die Literatur. Bücher von und über Shakespeare. Immer neue Ausgaben seiner Werke, für Kinder, für Theaterfans, für Wissenschaftler und jetzt auch für Manager. Bücher mit Illustrationen oder mit wissenschaftlichem Apparat. Dazu ganze Bibliotheken über Shakespeare, sein Leben, sein Werk.

Die Adaptionsfähigkeit des Dramatikers ist erstaunlich. Sie trägt dazu bei, seine Aktualität zu erklären. Hier versagt Marshall McLuhans berühmtes Diktum für das hochtechnologische Kommunikationszeitalter: »The medium is the message.« Auf welches Medium der Barde auch gespannt wird, was immer auch Regisseure, Autoren und Techniker ihm antun: Er bleibt doch immer kenntlich: als Shakespeare.

Seit einem vollen Jahrhundert ist Shakespeare im Film präsent. Einer der ersten Stummfilmstreifen aus dem Repertoire des Barden zeigte im Jahr 1900 zur Pariser Weltausstellung Sarah Bernhardt als Hamlet – eine technische und emanzipatorische Sensation. Laurence Olivier und Orson Welles gaben Shakespeare-Filmen bedeutende Impulse als Regisseure und Darsteller, Elizabeth Taylor und Richard Burton spielten »Der Widerspenstigen Zähmung«, Roman Polanski drehte einen blutrünstigen »Macbeth«, und John Gielgud war nicht nur in Shakespeare-Dramen zu sehen, sondern auch in Peter Greenaways »Prospero's Books«.

Der aktuelle Shakespeare-Boom in Kino, Fernsehen und Video ist vor allem dem Schauspieler und Regisseur Kenneth Branagh aus Belfast zu verdanken. Er brachte 1989 »Heinrich V.« heraus, brillierte 1993 mit Emma Thompson in »Viel Lärm um Nichts« und stellte 1997 den kompletten, vierstündigen »Hamlet« vor; als Regisseur und Dänenprinz, mit prominenter Besetzung bis in kleine Nebenrollen.

Andere zogen mit und gaben neue Einblicke in Shakespeares immer aktuelle Welt. Der Theaterregisseur und

Shakespeare-Experte Trevor Nunn mit »Was ihr wollt« (mit Ben Kingsley), Al Pacino mit dem experimentellen »Looking for Richard« und Baz Luhrmann mit »Romeo und Julia« – eine Version, die vor allem jüngere Leute hinriß und Shakespeare ein neues Publikum erschloß; obwohl Romeo Leonardo DiCaprio erst danach, mit »Titanic«, zum großen Teenager-Schwarm aufstieg.

Wer die Filme im Kino oder im Fernsehen verpaßt hat, kann sie als Video greifen. Fast alles ist verfügbar. Als schon klassische Reihe die Verfilmungen (1978–1985):

BBC-Shakespeare. 37 Dramen, dazu als Begleitmaterial filmische Einführungen (je 25 Min.)

Shakespeare war ein Mann der Sprache. Er ließ auf karger Bühne die Schauspieler mit Worten fremde Länder und große Schlachten malen. In unserer visuellen Zeit drängen Film und Fernsehen den »akustischen Shakespeare« zurück. Aber nicht seine Sonette, zum Beispiel als

William Shakespeare: The Sonnets – Die Sonette. Straelener Manuskripte. 171 Seiten, mit CD (fünfzig ausgewählte Sonette auf CD sind dem Band in der deutschen Übersetzung von Christa Schuenke beigefügt.)

Auch in der Film-Fernseh-Zeit behalten Shakespeares gedruckte Texte so große Bedeutung, daß zu bedauern ist, wenn die beiden aktuellen deutsch-englischen Reihen, die begonnen wurden, nur langsam zur Vollständigkeit wachsen. Aus der Fülle der Veröffentlichungen von und über Shakespeare lassen sich hier nur wenige herausgreifen.

Vollständige deutsche Ausgabe: William Shakespeare. Sämtliche Dramen, Übs.: Schlegel-Tieck, Textrevision: Siegfried Schmitz, Kommentarredaktion: Dieter Mehl, Vorwort: Wolfgang Clemen, Winkler Verlag, München 1967, 3 Bde. – Bd. 4: Sonette/Epen und die Kleineren Dichtungen. Zweisprachige Ausgabe, Übs.: Therese Robinson, Gottlob Refis, Wilhelm Jordan, Nachwort: Wolfgang Weiß, Winkler Verlag, München 1968

Englische Ausgabe: The Riverside Shakespeare, hrsg. v. G. B. Evans, Boston 1974

Zweisprachige Reihen (Deutsch-Englisch, nicht vollständig): Der neue Reclam Shakespeare ab 1973. – Englisch-deutsche Studienausgabe der Dramen Shakespeares ab 1976. William Shakespeare im dtv, Neuübersetzung von Frank Günther, ab 1995

Ina Schabert (Hrsg.): Shakespeare-Handbuch: Die Zeit. Der Mensch. Das Werk. Die Nachwelt, 3. Aufl. Stuttgart 1992

Rolf Vollmann: Shakespeares Arche. Ein Alphabet von Mord und Schönheit, Nördlingen 1988; Nachdruck als dtv-Taschenbuch Nr. 3046

Ulrich Suerbaum: Shakespeares Dramen (UTB Nr. 1907), Tübingen/Basel 1996

Levi Fox: The Shakespeare Handbook. The Essential Companion to Shakespeare's Works, Life and Times, London 1987

Im Internet vermehrt sich die elektronisch abrufbare Datenfülle zu Shakespeare unablässig. Von den gängigen Suchmaschinen lieferte (im April 1998) zum Stichwort »Shakespeare« LYCOS 26 933 Treffer, ALTA VISTA gar deren 455 160. Der Einstieg ins Surfabenteuer Shakespeare erfordert gute, sondierende Überblicke wie die (amerikanische) Meta-Site »Mr. William Shakespeare and the Internet« (Terry A. Gray) (http://daphne.palomar.edu/Shakespeare/), von der aus vieles über wohlsortierte Links erreichbar ist; dazu als britische Ergänzung das anspruchsvoll moderierte »Arden-Net« (http://www.ardenshakespeare.com/ardennet). Aus Deutschland hilft »Internationales Globe-Zentrum (http://www.rrz.unikoeln.de/phil-fak/englisch/shakespeare). Da kann man zu mehreren digitalen Texten von Shakespeares sämtlichen Werken gelangen, die zum Teil mit Instrumenten zum Durchsuchen ausgestattet sind; dies besonders fortschrittlich in »The Works of the Bard« (Matty Farrow) (http://www.gh.cs.su.oz.au/~matty/Shakespeare//Shakespeare.html). Deutsche Shakespeare-Übersetzungen (hauptsächlich von Wieland und A. W. Schlegel) stehen in der Sammlung digitaler Literatur-Texte »Projekt Gutenberg Deutschland« (http://gutenberg.aol.de/autoren/shakespr.htm) Dazu kommen Informationen und Materialien zu vielfältigen Aspekten Shakespeares: zu aktuellen Aufführungen, Festivals und Tagungen, zu Forschung und Kontroversen, zu Bibliotheken, Museen und Gesellschaften; auch findet man Bibliographien, Filmographien und Videographien.

Shakespeares Bodenhaftung

Weiterführende Adressen

Deutsche Shakespeare-Gesellschaft e.V.
gegründet 1864 in Weimar, ca. 2500 Mitglieder, veranstaltet jährliche Shakespeare-Tage in Weimar und Bochum, veröffentlicht »Shakespeare-Jahrbuch« mit Vorträgen, Aufsätzen, Bücher- und Theaterschau.

Windischenstr. 4–6
99423 Weimar
Tel. 0 36 43/90 40 76

Shakespeare Bibliothek
gegründet 1964 von W. Clemen, allgemein zugänglich, Literatur zu Shakespeare und seiner Zeit. Schwerpunkt Shakespeare-Rezeption in Deutschland, ca. 18 000 Bücher, 9500 Aufsätze sowie Videos, Tonbänder und Diaserien.

Institut für Englische Philologie
der Universität München
Schellingstr. 3
80799 München
Tel. 0 89/21 80 33 58

The International Shakespeare Association
gegründet 1974 in Stratford-upon-Avon, Verbindungsglied zwischen den Shakespeare-Gesellschaften in verschiedenen Ländern, Planung internationaler Shakespeare-Kongresse, »Occasional Papers« und Kongreßbeiträge.

The Shakespeare Centre
GB – Stratford-upon-Avon CV 37 6QW

Folger Shakespeare Library
eröffnet 1932, Stiftung von Henry Clay Folger, einmalige Privatsammlung von frühen und seltenen Shakespeare-Ausgaben, u. a. 79 First Folios, an die 105 Quartos aus dem 16. und 17. Jahrhundert, über 3000 Regiebücher.

201 East Capitol Street, S. E.
Washington, DC 20003; USA

bremer shakespeare company
gegründet 1983 von sieben Schauspielerinnen und Schauspielern, setzt sich kontinuierlich mit Shakespeares Werk auseinander, zog 1988 ins Theater am Leibnizplatz (320 Zuschauer), gibt Gastspiele im In- und Ausland, inszeniert fürs Fernsehen.

Theater am Leibnizplatz
Postfach 106 665
28066 Bremen
Tel. 04 21/50 03 33

Globe-Theater
Zwölfeckiger Theaterbau, Holz-Stahl-Konstruktion für 600 Zuschauer, dem Londoner »Globe« nachempfunden, 1991 von Rheda-Wiedenbrück nach Neuss verlagert.

Kulturamt der Stadt Neuss
41472 Neuss
Tel. 0 21 31/90 41 11

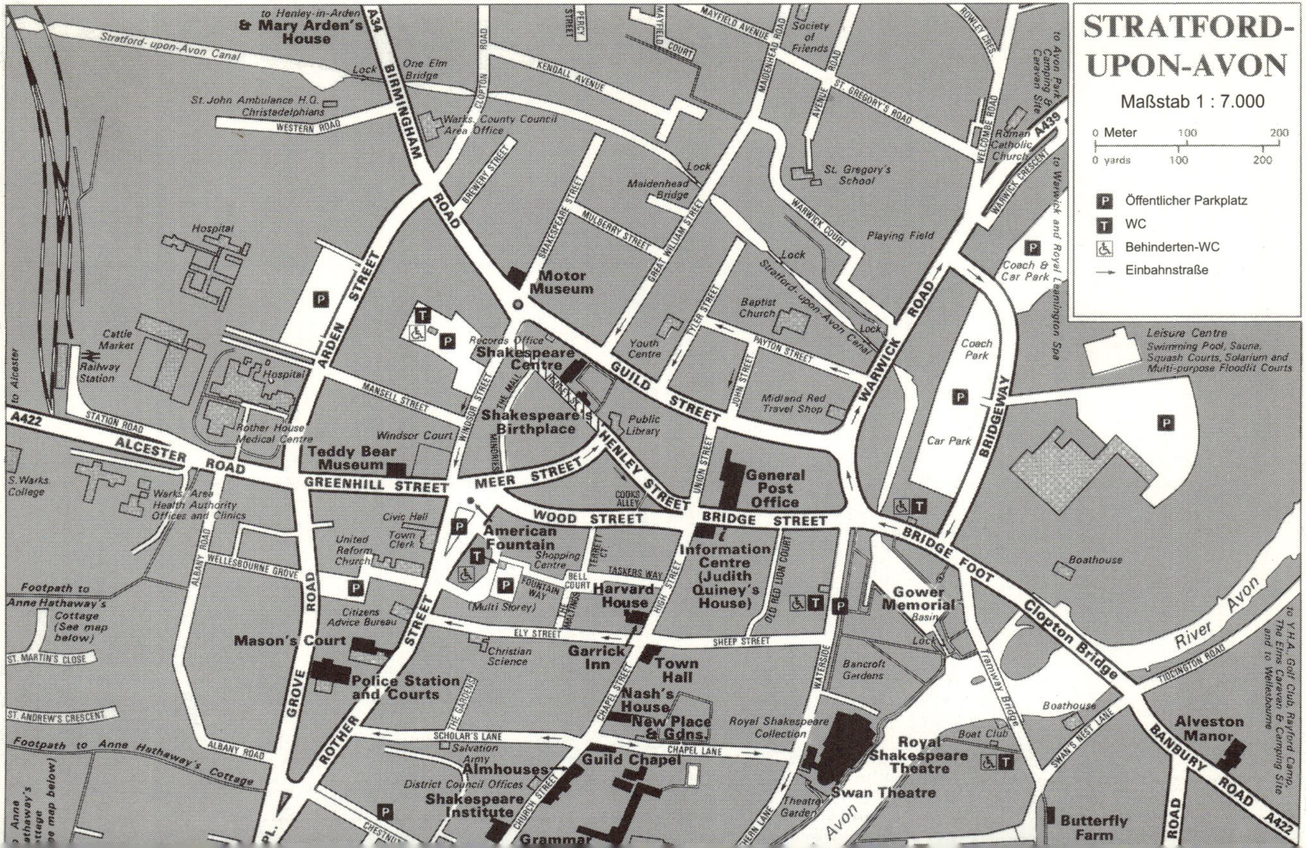

STRATFORD-UPON-AVON
Maßstab 1 : 7.000
0 Meter 100 200
0 yards 100 200
Öffentlicher Parkplatz
WC
Behinderten-WC
Einbahnstraße
to Henley-in-Arden & Mary Arden's House
Stratford-upon-Avon Canal
Lock
One Elm Bridge
St. John Ambulance H.Q. Christadelphians
Western Road
Warks. County Council Area Office
Birmingham Road
A34
Kendall Avenue
Clopton Road
Percy Street
Mayfield Court
Mayfield Avenue
Maidenhead Road
Society of Friends
Avenue Road
St. Gregory's Road
Welcombe Road
Roman Catholic Church
Rowley Cres.
to Avon Park Camping & Caravan Site
A439
Warwick Crescent
to Warwick and Royal Leamington Spa
St. Gregory's School
Maidenhead Bridge
Warwick Court
Playing Field
Hospital
Brewery Street
Shakespeare Street
Mulberry Street
Great William Street
Motor Museum
Tyler Street
Baptist Church
Stratford-upon-Avon Canal
Coach & Car Park
Arden Street
Records Office
Shakespeare Centre
Youth Centre
Payton Street
Warwick Road
Coach Park
Car Park
Bridgeway
Leisure Centre
Swimming Pool, Sauna, Squash Courts, Solarium and Multi-purpose Floodlit Courts
Cattle Market
Railway Station
to Alcester
Mansell Street
Guild Street
John Street
Midland Red Travel Shop
Station Road
A422
Alcester Road
Rother House Medical Centre
Windsor Court
Windsor Street
The Mall
Henley Street
Shakespeare's Birthplace
Public Library
Teddy Bear Museum
Mindries
Union Street
General Post Office
S. Warks. College
Greenhill Street
Meer Street
Cooks Alley
Warks. Area Health Authority Offices and Clinics
Civic Hall
Town Clerk
Wood Street
Bridge Street
Bridge Foot
Boathouse
American Fountain
United Reform Church
Shopping Centre
Tasker's Way
Information Centre (Judith Quiney's House)
Old Red Lion Court
Gower Memorial
Basin
Wellesbourne Grove
Albany Road
Bell Court
Fountain Way
(Multi Storey)
Harvard House
Footpath to Anne Hathaway's Cottage (See map below)
Citizens Advice Bureau
Ely Street
The Maltings
High Street
Clopton Bridge
River Avon
Sheep Street
Lock
Tiddington Road
to Y.H.A., Golf Club, Rayford Camp, The Elms Caravan & Camping Site and to Wellesbourne
Mason's Court
St. Martin's Close
Grove Road
Christian Science
Garrick Inn
Town Hall
Bancroft Gardens
Tramway Bridge
Police Station and Courts
Chapel Street
Nash's House
New Place & Gdns.
Waterside
Boathouse
St. Andrew's Crescent
The Gardens
Royal Shakespeare Collection
Swan's Nest Lane
Alveston Manor
Albany Road
Scholar's Lane
Chapel Lane
Boat Club
Royal Shakespeare Theatre
Footpath to Anne Hathaway's Cottage
Rother Street
Salvation Army
Almhouses
Guild Chapel
Banbury Road
District Council Offices
Shakespeare Institute
Church Street
Swan Theatre
Theatre Garden
Avon
Butterfly Farm
Road
Grammar
Chestnut
Pl.
Anne Hathaway's Cottage (See map below)